自我管理學

在高壓和變動中練就精準執行力

確立目標×付諸行動×終身學習×拒絕誘惑

區別「想要」與「需要」，別貪圖一時的多巴胺刺激！

SELF CONTROL

🕐 身處混亂紛擾的現實，依然保持大腦清醒
🕐 提升自我價值，從職場到愛情皆從容不迫
🕐 不受短暫的欲望左右，綜觀局勢冷靜選擇

李建珍 著

沒有分寸的去揮霍光陰，一手好牌最終也會被打爛；
制定人生各階段目標，用自律將成功延續下去！

目錄

序

第一章　自制力：我要做，我不要，我想要

- 012　什麼是自制力
- 015　在危機中，自制力促使你長成參天大樹
- 019　跨國大企業 CEO 控制力的內涵與外延
- 023　花花公子的自制力
- 027　艱苦太空，自制力強方能存活
- 031　「悶聲發大財」的低調闡釋
- 037　保持神祕低調的富豪家族
- 042　比總統老公更有自制力的女人
- 048　守住本心，不做「御用」學者

第二章　成大事者皆有超強自制力

- 054　為什麼自制力至關重要
- 056　別陶醉於眼前的成功
- 061　讓比爾蓋茲佩服的人
- 065　「鐵腕」締造傳奇

072	以一己之力，扶起跌倒的「巨人」
077	為了「人人生而平等」
081	自願的「囚徒」
086	把自己培養成全才

第三章　聰明的人都懂得自制

092	自制力的基石：三思而後行
095	認準方向就堅定不移地走下去
100	該出手時就出手，該放手時就放手
105	世界級大師，一輩子只做好一件事
110	「我集中精力，不左顧右盼」
115	兩次對微軟說「NO」的人

第四章　正確對待自己所擁有的一切

120	讓自制成為一種習慣
123	通往成功的「獨木橋」
126	缺乏安全感的掌舵人把握著前進的方向
135	「吝嗇」的超級巨星

第五章　有自制力，小人物也有大作為

- 140　失控不是因為自制力薄弱
- 143　泥塑人生
- 147　用七年時間養肥一隻「羊」

第六章　教育的自制力

- 152　利用外在條件恢復自制力
- 155　先對別人微笑
- 158　教育，不複製他人的成功
- 161　用耐心等待成長
- 166　不要輕易說「難」字

第七章　控制住自己的愛，獲得幸福

- 170　愛情要有自制力
- 173　控制不住他的心，那就管住自己的愛
- 177　家庭，用愛說話
- 181　鈍感的幸福
- 184　少愛他一點
- 187　哀求來的愛情不甜

目錄

190		被動愛與主動愛
192		不要妳做我的影子
195		活出自己的精采
198		愛，需要有控制的付出

第八章　管住自己浮躁的心

202		對內接受自我，對外控制行動
206		控制住浮躁的心
210		年華老去，做與年齡相稱的事
213		戒除「本能」反應，以孩子的方式處事
216		管住自己迫切想發言的嘴
218		退一步再前進

序

　　如果問：你覺得什麼樣類型的人自制力強？是否會想到各行各業的成功人士？比如：歷史人物、政壇領袖、商界代表、運動健兒……

　　奧運會上的偉大運動員：雙足慘不忍睹的博爾特、全年無休每天練習八小時渾身傷痛愛上拔罐的菲爾普斯……他們無不是自制力強的人。

　　有一條著名的「1萬小時定律」。

　　作家葛拉威爾在《異數》一書中指出：「人們眼中的天才之所以卓越非凡，並非天資超人一等，而是付出了持續不斷的努力。只要經過1萬小時的錘鍊，任何人都能從平凡變成超凡。」就是說，要成為某個領域的專家，至少需要1萬小時以上的專注。按比例計算就是：如果每天工作4個小時，一週工作5天，那麼成為一個領域的專家至少需要10年。這就是「1萬小時定律」。

　　英國神經學家丹尼爾‧列維汀（Daniel Levitin）認為，人類腦部確實需要這麼長的時間，去理解和吸收一種知識或者技能，然後才能達到大師級水準。再來看看藝術家，大畫家達文西，遠超過1萬個小時的練習，打下了扎實的基本功，

序

這才有了後來的世界名畫〈蒙娜麗莎〉、〈最後的晚餐〉⋯⋯股神巴菲特、微軟創辦人比爾蓋茲、蘋果的賈伯斯⋯⋯每個人都在他們的領域,投注超過1萬小時的專注力,專注地閱讀、思考、研究、實踐,才有後來的成就。

每個領域最優秀的人才都是從最簡單最枯燥的重複中掌握了達到最高深技藝的途徑。

很多運動員進入奧運選手村後,關了手機,斷了與外界的聯絡,直至他們贏得比賽才開機。事實證明,在名利面前,能控制住自己內心的人才能獲取更大的勝利。

如今,頂尖人才競爭的激烈程度超乎想像。作為普通人的我們,有什麼理由荒廢自己的時間呢?

另有一個「夜晚兩小時」的著名理論是這麼說的:人的差別在於業餘時間。晚上8點到10點之間的兩小時,你在做什麼,決定了未來你會成為什麼樣的人。每晚抽出兩個小時,專注地進行某方面的閱讀、進修、思考,或參加有意義的事,你會發現你的人生逐漸發生變化。

不能指望「夜晚兩小時」會幫助我們成為某領域的領軍人物,但合理利用這時間,一定會讓我們成為健康的人,有用的人,小有成就的人。

可惜,太多的人抵擋不了美食的誘惑,吃吃吃,把自己吃胖,吃成「吃貨」;太多的人抵擋不了手機電腦的誘惑,在

遊戲和八卦新聞面前失控了，不斷玩遊戲，不斷滑 FB，滑 IG，滑脆，時間一秒、一分、一小時，一天、一月、一年地過去，雖然也會告誡自己不要浪費時間，但一拿起手機，一開啟電腦，就無法控制自己，直至把時間敗光，再無比後悔：如果能有自制力，我一定做得不會差。可惜，就是少了應有的自制力。

自制力，是用意志力控制住內心的欲望，面對強者不卑不亢，有膽有識；自制力，是擁有大量財富，卻控制住奢侈浪費之心，厲行節省的豪邁；自制力，是控制住自己嚮往紅塵的心，付出時間精力比任何下屬都多，用鐵腕締造傳奇的體驗；自制力，是知道「施比受有福」，控制住土豪心態，不炫富，不晒財，將自己的財富惠及他人的經歷。

自制力，是堅持不懈，在平凡的職位上做出不平凡的成就；自制力，是不浪費時間，日積月累，然後由一個畫面就能激發一個靈感，成就一生的財富；自制力，是潛心修行，十年磨一劍，然後一飛沖天，一鳴驚人……

由自制力成就的成功，是你看他很容易，你想成為他卻很難；成功，不是樣板戲，沒有絕對的標準，不要相信自己能簡單複製別人的經歷，輕易獲得類似的成功，但要相信別人的經驗可以借鑑。有句古話叫：「知己知彼，百戰不殆」，他人的經驗是工作生活的《孫子兵法》，是為人處世的《資治

序

通鑑》，亦是閒暇時的《閒情偶寄》……

閱讀此書，相信你懂得：自制力，對成功人士來說，是多麼重要，而對普通人來說，也是融入生活的各方面。

願每個人都能有足夠的自制力，管理自己的情緒，控制懶散的心態，改變不良的習慣，體驗成功和快樂。

第一章
自制力：
我要做，我不要，我想要

第一章　自制力：我要做，我不要，我想要

什麼是自制力

自制力，是控制自己注意力、情緒、欲望的能力，是自我引導、積極向上的精神力量。自制力既要培養、堅持良好的習慣，同時又要抵制誘惑、克服缺陷、改掉壞毛病。

自制力是每個人都需要的，也是與生俱來的，然而，並不是每個人都有足夠的自我管控能力。有人天性自制力弱，任何時候都管不住自己；有人是在體力不夠、精力不足時，比較容易出現軟弱、自制力下降的現象；有人對自制力缺乏認識，更缺乏有意識的訓練，導致學習、工作、生活出現不如人意的情況。

自制力涵蓋面是非常廣的。有時表現為有足夠的膽量，去做某一項想做卻一直沒有勇氣做的事情，比如鼓足勇氣跟暗戀對象表白，跟老闆提加薪或者辭職；有時表現為抵制各種誘惑，如開車時不看手機，不通宵達旦玩電腦遊戲，不嗜食甜品，不做清倉大拋售的冤大頭，不做菸酒毒品的癮君子，拒絕一夜情等；有時表現為抵抗壓力，恢復良好心理和身體狀態；有時表現為確立目標，追求更為美好的生活；有時表現為樹立遠大理想，並為理想而奮鬥不息；有時表現為沉著冷靜，不偏激發怒；有時表現為掌握大局，為自己的企

> 什麼是自制力

業指引正確的方向;有時表現為控制住「大嘴巴」,該說的說,不該說的不說;有時表現為把握時機,戒除拖延症,該做的馬上做,不該做的堅決不做。

自制力,說到底是與人類進化史中形成的「原始本能」賽局。

時至今日,人類依然和剛出現時一樣,有著眾多缺點,但長期進化中,我們的前額皮質得到改進,這是自制力最重要的神經學原理。

前額葉皮質,是位於額頭和眼睛後面的神經區,它主要控制人體的運動,這就是自制力的表現。隨著人類的進化,前額皮質不斷擴大,擴大之後,就會有新的功能分區,會控制我們關注什麼,想些什麼,這樣,我們就能更好地控制自己的行為。

史丹佛大學的神經生物學家羅伯特・薩波斯基認為,現代人大腦中前額葉皮質的作用是讓人選擇做「更難的事」。

做「更難的事」就是與「原始本能」博弈的自制力的表現。「原始本能」想躺在床上睡懶覺,做「更難的事」就會提醒他們應該起來去運動,或是吃早飯。「原始本能」面對美食,想敞開肚皮吃到自己滿足為止,做「更難的事」會提醒他們要適量飲食,保持健美身材,或者餐後應該去做減肥運動。

第一章　自制力：我要做，我不要，我想要

前額葉皮質不是擠成一團的灰質，而是分成三個區域，分管「我要做」、「我不要」和「我想要」三種力量。

前額皮質的左邊區域負責「我要做」的力量，能幫助處理枯燥、困難或者充滿壓力的工作。右邊區域控制「我不要」的力量，能克制人的一時衝動。這兩個區域同時控制「做什麼」。第三個區域位於前額皮質中間靠下的位置，記錄人的目標和欲望，決定人「想要什麼」，這個區域的細胞活動越劇烈，自制力就越強。

很多醫學上的案例表明：前額葉皮質遭到損傷，人的自制力就會受到損害，甚至會變成跟往常截然不同的自己。

作為成功人士，成功要素中斷然少不了一點 —— 自制力。無法想像沒有自制力的人能扛得住壓力，抵得住誘惑，能帶領團隊戰勝困難，在各種危機中邁向成功。

而普通人，自制力也展現在學習生活工作的各個層面，可以透過訓練得以加強。

本書將透過一些真實的案例告訴讀者：成功人士在自制力方面的優秀表現是如何為他贏得成功，而普通人應該怎樣和「原始本能」進行博弈，以取得勝利，獲得幸福。

在危機中，
自制力促使你長成參天大樹

在 2008 年那場經濟危機中，美國很多名牌的大公司和不名牌的小公司倒下了，許多人把那次經濟危機和 1929 年的世界大蕭條危機相提並論，悲觀的人似乎看不到有什麼公司能夠生存下來。然而，還真有公司存活，並且不斷超越自己，超越別人，活得比誰都好，這就是全球零售業老大沃爾瑪公司。

當世界上很多大企業的老闆在四處融資的時候，沃爾瑪的董事長羅伯森‧沃爾頓（Robson Walton）卻成了空中飛人。僅在 4 月分，沃爾瑪就在 14 個國家新開了 26 家商店，到今天為止，沃爾瑪在全球商店總數達到了 7,899 家。沃爾瑪 1999 年就已經是世界上員工總數最多的公司。截至 2009 年 1 月 30 日，沃爾瑪的銷售額達到了 4,012 億美元。2008 年，金融危機席捲全球之時，沃爾瑪的銷售還成長了 7.2%，成長達到 270 億美元。

不是所有的零售商都有這樣的好運氣，全球零售業老二家樂福，2008 年的利潤下降了 44%，目前它的總利潤只有沃爾瑪的六分之一。

第一章　自制力：我要做，我不要，我想要

其實，沃爾瑪不僅僅是在這次金融危機中表現優秀，它誕生以來經歷了世界上大大小小的各種危機，可它不僅沒有受到影響，反而更快地成長起來。

那麼，它是怎麼成為一棵在暴風驟雨中越來越挺拔的大樹呢？這要從他的創始人山姆‧沃爾頓（Sam Walton）說起。

1945年，27歲的山姆‧沃爾頓從美國陸軍退役。當兵前，他曾做過兩年的商業零售，退伍後他就想從事零售方面的工作。當時美國經濟發達，零售業十分強大，知名公司有西爾斯、Kmart、傑西潘尼、F‧W‧伍爾沃斯，這些公司實力強、資格老。起初的山姆先生沒有實力在大城市立足，他就把自己的出發點定在鄉下。

沃爾頓夫妻拿出自己所有的積蓄，又從岳父那裡借了兩萬美元，在美國羅德島州南部的紐波特鎮盤下一家叫「班‧富蘭克林」的瀕臨倒閉的雜貨加盟店。山姆先生是做生意的天才，他很快就使雜貨店走出困境，成為鎮上最好的商店。然後，他在不同的鎮裡不斷轉手、盤下、新開「班‧富蘭克林」雜貨店。1962年山姆‧沃爾頓手中有15家班‧富蘭克林雜貨店，他與雜貨店的老闆談判，要求有自主的進貨權利。談判失敗，山姆先生只好退出「班‧富蘭克林」雜貨加盟店，自己開店。就這樣，1962年，第一家叫「沃爾瑪」的折扣店在阿肯色州的羅傑斯開張了。

> 在危機中，自制力促使你長成參天大樹

在 1960、1970 年代，山姆先生主要在美國的小鎮上開店。1983 年，實力具備後，他在奧克拉荷馬州的中西部都市的市郊開了第一家山姆會員店，1990 年實力已經相當強大的沃爾瑪才到市中心開店。後來，他發展的步伐越來越大，越來越快，1992 年，沃爾瑪挺進海外，進入墨西哥市場。

一步一個腳印地夯實基礎使得沃爾瑪的下盤非常扎實，不需要融資，也不怕經濟危機來襲。然而，作為一家大型企業，最需要的是忠心耿耿的員工，山姆先生在經歷了一次新店即將開業，而應徵好的員工忽然全部罷工的危機後，明白了安撫好員工有多麼重要，聰明的他毅然決定在沃爾瑪「消滅」員工，將所有的員工變成合夥人。

他不僅大大提高員工薪資，而且所有的員工都能分到企業的利潤。於是，員工不再叫員工，改叫合夥人。在當時的美國人看來，山姆先生瘋了，他讓員工做了沃爾瑪的主人，除了正常的薪資、獎金外，每年都有豐厚的紅利，到退休能拿幾十萬美元。此外，員工還可以每年用部分的紅利低價購買公司的股票，而沃爾瑪股票這十多年成長了上千倍，所以能進入沃爾瑪是很多人夢寐以求的。這是沃爾瑪成功的祕訣之一。試想，在自己做老闆的企業裡，誰會隨便罷工？誰不肯盡全力去發揮自己的潛力和才能？

心往一塊想，力往一處使。很多企業都能做到這點，但

第一章　自制力：我要做，我不要，我想要

是發展最好的只有沃爾瑪，因為沃爾瑪的成功還有其他祕訣——對待顧客的方式：堅持把節省下來的成本還利給顧客。有這麼一個故事：在沃爾瑪成立不久，根據天天低價的原則，店長將一雙鞋定價1.98美元，這個價比同城其他的店便宜20%，但是，山姆先生卻不同意。他認為這雙鞋的進貨價才1美元，所以只能賣1.3美元。店長說，我們已經比別人便宜了。山姆‧沃爾頓卻說，這不行，我們要將談下來的好處全部給顧客……

控制住想「一夜暴富」的強烈欲望，靠著踏實、誠信的準則，沃爾瑪在短短幾十年間，從鄉間雜貨店成長為全球零售業老大，並且在經濟危機中不斷發展，成為屹立不倒的一面旗幟。成功的祕訣就這麼簡單。

跨國大企業 CEO 控制力的
內涵與外延

在美國歷史上，從來沒有哪一任總統去解聘一位私人企業的 CEO。經濟危機下的歐巴馬成了第一個「吃螃蟹」的人，而通用汽車公司 CEO 華格納（Rick Wagoner）也相應地成了被美國總統解聘的第一人。

56 歲的華格納在通用工作 32 年，是一位公司上下有口皆碑的老好人。他擔任 CEO 期間，繼續讓每位退休工人領取高額的養老金，還為全公司員工提供高額的醫療費。資料顯示，通用汽車在職員工為 26 萬人，而每月領取 3,000 美元退休金的人員則達到 50 萬人。2004 年，通用汽車在一輛車上要消耗 1,528 美元的醫療保險和 695 美元的養老金，總計是 2,223 美元。

而豐田汽車在一輛車上消耗的是 201 美元的醫療保險和 50 美元左右的工人貢獻獎金。2005 年資料顯示，通用在一輛汽車上分攤的醫療保險數額是 1,850 美元，養老金為 700 美元，總計 2,550 美元。而豐田公司的平均醫療保險仍舊保持在每輛車 200 美元左右，為工人提供的獎勵還是 50 美元。

如此，通用和豐田在每款產品上的成本差距達到驚人的

第一章　自制力：我要做，我不要，我想要

2,300 美元。這就是豐田在 2008 年將連續 77 年全球銷量冠軍的百年通用拉下馬，讓自己成為全球第一的關鍵因素。

通用汽車公司 CEO 華格納不僅是一個性格溫和、與人為善的好人，也是一個極具才華和雄心壯志的英雄人物，他高中時就以所有科目都是第一名的好成績考入美國杜克大學，畢業後直接被哈佛商學院錄取。「股神」巴菲特特別欣賞他的才幹，曾寫信對他表示支持。在 2006 年，通用公司銷量下滑，華格納自降一半的薪酬，到 2009 年，他更是只拿一美元的薪水。

2008 年 11 月，他到國會陳述困境，希望得到政府 300 億美元的幫助時，有人指責他不該奢侈地乘私人飛機來。他馬上接受意見，一個月後，他再次到國會時，連普通客機的經濟艙都沒有坐，是自己開節省能源的電動車去的。相對於那些將美國政府投入的扶持資金用來提高自己獎金的金融巨頭來說，華格納真是一個深具謙虛和清廉美德的企業領導人。

華格納說：「我要領導通用走出危機，通用將擁有一個偉大的未來。」他覺得自己對通用負有不可推卸的責任，所以他計劃繼續留任，並一直堅持到公司所有事務都步入正軌。

但是華格納的雄心擋不住全球經濟危機的侵襲，他成了末路的英雄，在殘酷的弱肉強食的世界裡，他帶著他的善良、努力和頑強敗走底特律。

跨國大企業 CEO 控制力的內涵與外延

追究他失敗的原因,除了難以抵擋的經濟危機、高額的經濟負擔外,還有通用汽車策略決策的失誤:

首先,在 1980 年開始全球休閒越野車銷售進入旺季,豐田和福特相繼推出休閒越野車,而對於研發毫無技術困難的通用汽車來說,他們花了五年的時間才推出凱迪拉克越野車。然而,市場是無情的,他們推出這款高級越野車不久,由於油價的高速提升,越野車的市場需求下降,小型車、節能車的需求卻不斷上升,而通用汽車只在 1980 年推出一種叫「土星」的節能車,就這麼一種品牌,卻 5 年沒有推新車型。還把大量精力放在推凱迪拉克、悍馬這樣昂貴的越野車上。

其次,通用汽車早在 1990 年就率先研發成功一款類似豐田 Prius 那樣的混合動力車,但他們卻很快就放棄了混合動力車。不料,2006 年開始,混合動力車的銷售直線上升,2008 年底,豐田的普瑞斯銷售達到 60 萬輛。而此時,通用汽車宣布到 2010 年,他們才有第一輛混合動力車,而且產量只能達到 1 萬輛。

華格納 2003 年接手通用,不到兩年,這家百年老店便開始步入史上最糟糕的時代。2005 年起連年虧損,2007 年有了高達 387 億美元的財年虧損,成為其百年歷史上的第一大虧損額。曾擔任過通用財務長的華格納把寶押在了華爾街,希望資本市場能解決通用的現金流問題。不過「計畫趕不上變

化」，2008年美國次貸危機橫掃華爾街，通用的資金問題變得一發不可收拾，2008財年繼續虧損309億美元。面對著這個龐大的「爛攤子」，華格納向政府申請300億美元的援助，歐巴馬政府慷慨地付出134億美元後，要求拿出一個切實可行的、看得見摸得著的改革方案，而華格納溫和的改革力度沒能達到歐巴馬政府的要求，於是上演了歐巴馬政府干預企業，要華格納辭職，由通用汽車的營運長亨德森（Frederick Henderson）接替華格納出任執行長一職的事件。同時，歐巴馬也只給亨德森60天時間，到6月1日，要拿出大刀闊斧的改革方案，否則通用汽車就有破產的可能。

於2008年寶獅雪鐵龍淨虧3.43億歐元，法國最大的汽車製造商寶獅雪鐵龍公司在華格納發表辭職宣告的前一天，宣布解除與執行長克里斯蒂安·史特萊夫（Christian Streiff）的合約。與史特萊夫對無端被炒大聲喊冤相比，華格納很平靜地接受了歐巴馬政府的建議，並認為亨德森是一個很好的接班人。

身材高大的華格納黯然離去的背影留給汽車業以及任何一個行業的啟示是：謙虛、善良、高尚是美德，會為個人贏得好名聲，但絕非競爭社會克敵致勝的法寶。任何一個企業領導者想要將企業帶向更高一層樓，不僅要有自制力，更要有對企業的控制力，這控制力靠的不是美德，而是應對任何惡劣環境，都能斬釘截鐵做出「穩準狠」決斷的能力。

花花公子的自制力

人們至今記得那部浪漫與性感結合，令全世界觀眾為之流淚的巨片——《鐵達尼號》。人們記住了在船頭「飛翔」的傑克與露絲，記住了那首主題歌〈我心永恆〉，也記住了好萊塢帥哥李奧納多·狄卡皮歐 (Leonardo Dicaprio)。雖然，那以後，他也在不少影片中扮演了重要角色，如《紐約黑幫》、《血鑽石》、《羅密歐與茱麗葉》、《神鬼無間》、《全面啟動》、《大亨小傳》、《華爾街之狼》、《神鬼獵人》等，這些片子有的得了大獎，有的票房收入很高，但是人們印象最深的還是《鐵達尼號》中的那個窮畫家、壞小子。

後來，李奧納多的負面緋聞漸漸超過他的電影成就。比如：和多位美女一起尋歡作樂；與女朋友出門90%都是對方付帳；到世界各地拍片，受到頂級奢華的接待，卻老是想白吃白喝白住……在人們眼裡，他是一個「奶油小生」、「花花公子」、好萊塢「最吝嗇的男人」。

然而，當他再次出現在人們視野中的時候，卻被冠以「好萊塢最環保的明星」的美譽，這有些令人吃驚，而他確實是好萊塢男影星中環保主義的領軍人物。

他是在泰國拍攝《海灘》這部片子時開始對環保產生濃厚

第一章　自制力：我要做，我不要，我想要

興趣的，因為拍攝地的自然風光極為迷人。他說，如果這樣的環境遭到了破壞，將令他非常痛心。

1997年，就是拍攝完《鐵達尼號》同年，李奧納多製作了環保題材紀錄片《第11個小時》，影片訪問了超過50名與地球生態學有關的科學家、思想家和政治人物，其中包括著名物理學家史蒂芬‧霍金和前中央情報局局長詹姆斯‧伍爾西等。影片不但揭示了氣候異常變化給人類社會帶來的危機，還將對由此引發的，全人類共同面對的各種難題，都做了全球性的探索和深入研究。

他攜這部環保紀錄片登陸坎城時，記者採訪他是怎麼來的，他說，先搭乘商務航班，然後坐跨海火車。他建議好萊塢明星盡量多坐普通航班，少乘私人飛機，多為環保而努力。

他認為：「現今最重要的問題是怎麼讓人們少消費一些。購買商品要能問心無愧地說，我購買的商品中有一部分用於償還我們欠自然環境的債。我們這一代人要抓住機遇，關心環境，並行動起來創造奇蹟，否則將成為歷史上最受譴責的一代人。」所以，早在1998年，他就創辦了環保組織「李奧納多‧狄卡皮歐基金會」。

在第81屆奧斯卡提名名單上，備受看好的李奧納多未能以《真愛旅程》獲得最佳男主角獎提名，但全球著名品牌「泰

花花公子的自制力

格豪雅」還是聘任他為新的形象大使,在他簽訂的 3 年合作協議中規定,將產品版稅以及他的部分個人收入捐獻出來,共數百萬美元,用以支持一個環保組織,對李奧納多來說,環保比奧斯卡更為重要。

作為一個環保主義者,李奧納多在賺錢時不忘保護環境,他在加勒比海附近購買一個 140 英畝的小島,準備在上面建造一棟五星級旅遊假日飯店。這家飯店的經營理念完全以環保為主題,不會對周邊的自然環境產生任何負面影響,是名副其實的生態旅館。根據規劃,這間飯店裡一切能源都將是可以再生的,飯店營運所需的所有電力、自來水都將是循環利用,自給自足,電能將來源於風力發電,自來水將來自過濾後的海水。雖然投資不少,但李奧納多會盡自己所能去做。

除了飯店業之外,他也投資自己的老本行影視行業,而環保是他的首選。他是靠著《紐約黑幫》、《神鬼玩家》和《神鬼無間》的酬金,補貼環保影片《洪水來臨前》、《水星球》與《第 11 個小時》的。

李奧納多的吝嗇與環保相結合的另一個典型表現是他的座駕 ——「萬元小車」豐田 Prius,這款車在其貌不揚的外表下使用了傳統的 1.5 公升汽油引擎以及不會產生廢氣的電動馬達。在低速緩行時,電腦只會使用馬達的動力行走,達

到環保及低耗油的目的。這在推崇奢華的好萊塢絕對是一個另類。

他說:「我努力以愛心來對待周圍的世界。我的屋頂上有太陽能電池。我有一臺獨輪手推車,它排放出的二氧化碳氣體比一般的汽車少75%。我為媽媽、爸爸以及爸爸現在的妻子都買了那樣的手推車。但我知道僅做到這一點還不夠……」

李奧納多在環保方面的貢獻毋庸置疑,他毫無懸念地獲得了最傑出環保明星的稱號,在他的影響下,更多的明星倡導環保,包括他在《鐵達尼號》中合作過的女星凱特·溫絲蕾,某年,溫絲蕾在廣告拍攝中被人欺騙披上高級的真皮草,而大發雷霆,要提告欺騙她的人。

在崇尚奢華的好萊塢,身體力行環保主義的李奧納多在這方面的自制力是超人的,絕不因為其他人的奢華生活而改變自己的環保作風。看看他的表現,我們也應思考:我能為環保做些什麼?

艱苦太空，自制力強方能存活

他說：「美國人對華人有這樣一種印象——華人做事做得再好，也很少能夠成為領導者，而我則證明華人同樣可以成為領導者。」

他，就是焦立中（Leroy Chiao），他是美國 4 位有太空飛行經驗的華裔太空人之一（其他三位分別是王贛駿，物理學家，博士；張福林，機械工程學專業，參加過 7 次太空飛行；盧傑，物理學博士）。焦立中保持著至少 3 項紀錄：第一個在太空行走的華裔太空人，國際太空站的第一位華裔站長，第一位從太空投票選舉總統的太空人。另外，他還是在太空居住時間最久的美國太空人之一——15 年中他在太空的總時數是 229 天 8 小時 41 分鐘。

焦立中 1960 年出生在美國威斯康辛州密爾沃基市。父母原籍中國山東，1950 年代移居美國。焦立中的父親碩士畢業，母親博士畢業，他和妹妹都是博士畢業。他的父母保持華人傳統觀念，認為念書最重要，小孩一定要讀好書，要上大學。父母讓他們接受良好教育的同時又鼓勵他們要像美國孩子那樣有遠大理想。

1968 年，8 歲的焦立中從電視裡看到美國人乘坐「阿波

第一章 自制力：我要做，我不要，我想要

羅13號」飛船首次登上月球的盛況，那時候他就想，長大後也要成為一名太空人。

1983年，焦立中畢業於加州大學柏克萊分校，獲得學士學位；1985年他獲得碩士學位；兩年後，未滿27歲的他獲得化學工程博士學位。化學工程博士好像跟太空人並不搭界，但是，美國國家航空暨太空總署（NASA）挑選太空人時特意分散專業，對象除了軍隊的飛行員，還包括物理、化學專家和醫學研究者。

早在1986年，焦立中就曾提出當太空人的申請。1990年，他終於從2,500多名候選者中脫穎而出，進入NASA受訓。1991年，焦立中通過了NASA體能、心理測試各方面的嚴格甄選與考核，如願以償地成為一名正式太空人。

焦立中認為：天賦、努力和持之以恆，對太空人來說都是很重要的條件，除此之外還有機遇。他得過的科學研究獎項數不勝數。從他太空生涯前的科學研究成果可以看出太空總署為什麼會選中他：1989年，他在舊金山郊區的Hexcel公司工作時，參與了高級航天材料的開發，並研究出一種聚合複合精確光學反射器，能用來製作太空望遠鏡。1989年，焦立中轉到著名的勞倫斯利佛摩國家實驗室，參與一種纖維纏繞粗切片航空複合物的製造。1990年他被列入世界科學工程名人錄。在航天總署，他還參與了軟體、裝備、飛行資料等

> 艱苦太空，自制力強方能存活

技術工作。

2004年10月14日莫斯科時間上午7時06分，焦立中乘坐俄羅斯「聯盟號」飛船升空並擔任國際太空站站長，成為第一位華裔的太空站站長。焦立中後來接受記者採訪時說：「這是第一次由華人擔任國際太空站站長，我感到很自豪……」

在國際太空站生活是非常艱苦的，並沒有人們想像中那樣風光。擔任太空站站長這次是他的第4次太空之旅，他意外地發現國際太空站中食品嚴重不足，他和俄羅斯的一位太空人不得不實行糧食配額，每天食物減半並用糖果補充能量，如此節食半個月，每人都瘦了2.5～5公斤，終於盼來俄羅斯貨運飛船送來的2.5噸補給物品，這才解了糧荒。

正常情況下，在空間站，焦立中能吃到餃子等中國美食，享受他妻子為他準備的點心，但洗澡這類地球人做起來很方便的事情，他們卻頗費周折。焦立中曾描述：「需要像醫院裡給臥床病人那樣用特殊的洗澡布來擦洗身體，洗頭也是這樣。能洗乾淨，但遠不如洗熱水澡來得舒服。」

在孤寂的太空中，不僅每天要做大量的運動保持體能，還需要很強的心理素養，否則一定待不下去。焦立中在太空中的休閒活動就是學中文，回來後他的中文水準提高了很多。

第一章　自制力：我要做，我不要，我想要

　　焦立中作為 NASA 的華裔太空人，搭乘過哥倫比亞號、奮進號、發現號太空梭和俄羅斯聯盟號飛船，他四度升空、六次太空漫步，並擔任國際太空站站長，6 次太空飛行的總時間為 228 天，太空行走的總時間約 41 個小時。因表現出色，他多次受到美國太空總署嘉獎：3 次榮獲太空飛行獎章，兩次獲得特別服務獎，3 次獲得個人成就獎。但他表示：自己並不看重金錢與榮譽。他說：「我每次從太空中眺望地球時都會禁不住思考：在人的一生當中，到底什麼東西才是最重要的。這使我的視野更加開闊，不再為瑣事煩惱。」

　　焦立中，無論科研還是做人，他都是世人的好榜樣。他以強大的自制力成為一名出色的太空人。

「悶聲發大財」的低調闡釋

對普通大眾來說,他是個陌生人,但他的產品卻與我們的生活密切相關,比如:線上購物、搜尋新聞、預訂飯店、購買機票、從自動提款機上取錢……

他是美國三大IT業大廠之一,他與比爾蓋茲有很多相同點。比如:都是大學輟學生;他的資產也達數百億美元……但,我們卻不認識他。

不是由於他多麼低調,多麼神祕,而是因為他的產品從來沒在大街上銷售過 —— 他賣的是資料庫,這與微軟公司的產品不同。

這個人就是世界第二大軟體公司,最大資料庫軟體公司的老闆 —— 甲骨文公司(Oracle)的執行長賴瑞‧艾利森(Larry J. Ellison)。

一個傳奇人物,必有很多傳奇故事相伴:

艾利森是美國猶太人,俄羅斯移民,1944年10月3日出生在曼哈頓,他的未婚媽媽只有19歲。艾利森由舅舅一家撫養,在芝加哥猶太區中下階層長大,那時貧富的差別沒有現在這麼巨大。學生時代的艾利森並沒有顯示出超人的素養和成績,在學校他非常孤僻,獨來獨往,不過卻十分注意打

第一章　自制力：我要做，我不要，我想要

扮和享受，在別的孩子還是由父母理髮時，他就請專業理髮師打理。他讀過三所大學，卻沒有拿到過一本文憑。

成功之後，艾利森的囂張和粗野在矽谷和華爾街都是出了名的。他敢讓五角大樓的高級官員們為了他而延後會議長達 45 分鐘，甚至在菲律賓總統斐代爾·羅慕斯來訪時，他竟然在一個小時後才在舊金山的宅邸裡露面，然後又花了一刻鐘去換衣服。2000 年，艾利森的個人財富曾一度超越比爾蓋茲，成為全球首富。不可一世的他在當年耶魯大學的畢業典禮上令人瞠目結舌地鼓吹「讀書無用」論。這篇演講稿後來廣為流傳，被人稱為史上最狂的演講詞。

他把所有的耶魯大學畢業生看作是「失敗者」，而對於他自己──「艾利森，這個行星上第二富有的人，是個退學生；比爾蓋茲，這個行星上最富有的人，也是個退學生；保羅·艾倫，這個行星上第三富有的人，也退了學，而你沒有；戴爾·卡內基，這個行星上第九富有的人──他的排位還在不斷上升，也是個退學生。而你，不是……你們非常沮喪，這是可以理解的。因為你沒輟學，所以你永遠不會成為世界上最富有的人……我寄希望於眼下還沒有畢業的同學。我要對他們說，離開這裡。收拾好你的東西，帶著你的點子，別再回來。退學吧，開始行動……我要告訴你，一頂帽子一套學位服必然要讓你淪落……」演講未結束，他就被保全攆了出去。

> 「悶聲發大財」的低調闡釋

　　他不是一個喜歡安定穩定的男人，他不斷跳槽換公司，雖然賺錢不多（在 1960 年代，夫婦倆月收入合計 1,600 美元），花錢卻十分大方，他甚至借了 3,000 美元購買一條 34 英尺的帆船。同時還在分期付款購買另一條小帆船。艾利森是一個完美主義者，他從來不操心帳單，但他的妻子 Adda Quinn 卻受夠了，1974 年他們離婚了。艾利森挽留她說：「我會成為百萬富翁的，如果妳和我在一起，你可以得到妳想要的任何東西。」但 Adda Quinn 卻不相信，不過她最後也沒有後悔自己的選擇。

　　32 歲以前，他一事無成，卻以樂於享受、好勇鬥狠、傲慢自大，喜歡和漂亮女人交往而出名。比如：他擁有一架拆除了武器的義大利產「SIAI-Marchetti S.211」型戰鬥機，並且曾想進口一架米格 -29 戰鬥機，不過美國海關拒絕了這一申請。他還擁有一支豪華昂貴的車隊，車型包括勞斯萊斯、賓利和賓士等。他喜歡航海，參加帆船賽，幾乎命喪大海。他對建築感興趣，曾在日本僱用了許多能工巧匠，為他建造了一個非常複雜的全木質房屋，價值 4,000 萬美元。等到房子建好以後，又把它拆散，用輪船運到太平洋的彼岸，在艾利森加利福尼亞伍德賽德的新莊園重新組合起來。

　　但僅靠著這些傳奇般的噱頭，他無法成為世界級的大富翁，他必然還有與眾不同的、出類拔萃的地方。

第一章　自制力：我要做，我不要，我想要

　　1976 年 IBM 研究人員發表了一篇里程碑的論文——「R 系統：資料庫關係理論」，介紹了關聯式資料庫理論和查詢語言 SQL，但 IBM 卻覺得沒有開發的價值。艾利森非常仔細地閱讀了這篇文章，被其內容震驚，他敏銳地意識到在這個研究基礎上可以開發商用軟體系統，於是，他決定開發通用商用資料庫系統 Oracle，這個名字來源於他們曾給中央情報局做過的專案名。

　　1977 年，他 32 歲這年，與他人合夥出資 2,000 美元成立了軟體開發研究公司，艾利森擁有 60% 的股份，占有這麼多股份是因為成立公司完全是艾利森的鼓動，而且他有一個 40 萬美元的專案合約。

　　他說：「好在經營軟體公司不需要大量的資金，用點小錢就可以創業。所有偉大的軟體公司都是這樣開始的，也許不是所有的，但微軟和我們相似，我們比微軟的資金更少，幾乎一無所有。」

　　幾個月後，他們就開發了 Oracle 1.0，但這只不過是個玩具，除了完成簡單關係查詢外，不能做任何事情，使用者抱怨不斷，但艾利森堅信較早提升市場占有率是最主要的。而 IBM 的作風則大相徑庭，如果使用者不滿意就不會推出新產品。

　　在這個階段，艾利森的公司規模很小，如果客戶知道他

「悶聲發大財」的低調闡釋

們的實情——只有四五個程式設計師,根本就不會購買他們的產品,而且他們的產品也並不完美,甚至可以說是有很多缺陷,但是艾利森從可口可樂和百事可樂的競爭中得到啟示,知道搶占市場的重要性,為了勝利他不擇手段,誇大其詞和撒謊是家常便飯。他不僅自己四處出擊,進行演講,向客戶描述產品將能達到的美好功能,宣稱 Oracle 能執行在所有的機器上……

他還派出很多的業務人員去推銷產品。為了激發業務人員積極性,他抬一箱子金幣進來發薪水,員工可以選擇美元,也可以選擇等值金幣。半數以上的員工不要美元而要金幣。這一不按常理出牌的薪資發放方法使得業務人員積極性倍增,主動攻城略地,產品的銷量成長極快,為了及時獎勵這些業務人員,他用光了整個美國發行的金幣,但還不夠甲骨文公司發薪水。

艾利森的成功更大程度上不是作為一個技術專家而是市場推銷專家。一位矽谷資深人士這樣評論:「甲骨文生逢其時,艾利森將市場放在第一位,其他所有的都靠後,擁有普通技術和一流市場能力的公司總是打敗了擁有一流技術和只有普通市場能力的公司。」

艾利森的 Oracle 的市值在 1996 年就達到了 280 億。IBM 放棄了上千億美元的錯誤,而被艾利森如此簡單地獲得了。

第一章　自制力：我要做，我不要，我想要

艾利森曾將 IBM 選擇微軟的 MS-DOS 作為 IBM-PC 機的作業系統比為「世界企業經營歷史上最嚴重的錯誤，價值超過了上千億美元。IBM 發表 R 系統論文，卻沒有很快推出關聯式資料庫產品的錯誤可能僅僅次之。」

2007 年美國 500 強企業 CEO 薪酬排行榜。儘管 2007 年基本年薪只有 100 萬美元，但得益於透過行使期權獲得的收益，甲骨文 CEO 賴瑞‧艾利森在此次排行榜上以 1.93 億美元的總薪酬占據榜首。

2008 年賴瑞‧艾利森擁有資產 270 億美元，在富比士公布的美國前 400 名富豪排行榜上名列第十四。

妄自尊大，不靠腳踏實地取勝的賴瑞‧艾利森和比爾蓋茲是兩種完全不同的類型，他的個性與天才完全無法學習和模仿。他憑藉著強大的自制力，一邊忍受著使用者的抱怨，一邊強勁地開拓市場。他的堅持，終究使他取得了成功。

保持神祕低調的富豪家族

在歷史上，有這麼一個不為人知的神祕家族——早在1850年，這個家族就累積了相當於60億美元的財富。如果，後來沒有衰落的話，以每年6%的報酬率計算，150多年後的今天，他們家族的資產至少超過了50萬億美元。這個家族叫作「羅斯柴爾德家族」。他們沒有「甘迺迪」、「洛克斐勒」、「摩根」家族那樣聲名顯赫。但是二戰前的美國，曾經有一句經典的話形容當時的情況：「民主黨是屬於摩根家族的，共和黨是屬於洛克斐勒家族的，而洛克斐勒和摩根，都曾經是屬於羅斯柴爾德的！」

在19世紀的歐洲，羅斯柴爾德幾乎成了金錢和財富的代名詞。這個家族建立的金融帝國影響了整個歐洲，乃至整個世界歷史的發展。以至於有人說，19世紀歐洲有六大強國！分別是大英帝國、普魯士（後來的德意志）、奧匈帝國、法蘭西、俄國，還有⋯⋯羅斯柴爾德家族！而羅斯柴爾德家族有一個顯赫的外號，就是「第六帝國」。

羅斯柴爾德家族從16世紀起定居於德國法蘭克福的猶太區。他們的興旺發達始於18世紀，從邁爾·羅斯柴爾德20歲時做古董和古錢幣買賣的生意開始。由於他的精明能幹，

第一章　自制力：我要做，我不要，我想要

20多年之後便成為法蘭克福城的首富。目光遠大的邁爾‧羅斯柴爾德讓他的5個兒子走出法蘭克福，走出德國，分散到歐洲各地。漸漸形成了一個由老邁爾‧羅斯柴爾德與大兒子阿姆歇爾坐鎮老家法蘭克福，其他幾個兒子分布在倫敦、巴黎、維也納和拿坡里，成立金融和商業帝國的態勢。

羅斯柴爾德兄弟經營技巧中重要的一條，就是利用他們分布在歐洲各國的分支獲取政治、經濟情報，這樣，他們往往能迅速了解各地的政治經濟動向，及時採取行動，出奇制勝。

為了保密，他們有自己專門的信使，彼此用密碼進行聯絡。由於羅斯柴爾德家族內部的資訊傳遞系統迅速可靠，以至於英國維多利亞女王有時也寧願用羅家的信使來傳遞她的信件，而不用英國的外交郵袋。

羅斯柴爾德家族對歐洲歷史的影響，從它幫助英國政府購買蘇伊士運河一事上可見一斑。1875年一個星期天的晚上，萊昂內爾在他倫敦的宅邸中宴請英國首相迪斯雷利。席間，萊昂內爾突然收到一份來自法國羅斯柴爾德分行的電報，說埃及國王因缺少資金，打算把他掌握的17.7萬股蘇伊士運河股票賣給法國政府，但對法國提出的價格不滿意，表示願以400萬英鎊的價格賣給其他國家。迪斯雷利第二天召開內閣會議，大家一致同意英國買下這批股票。然而，當時

國會休會,無法籌集這筆資金。於是,萊昂內爾果斷地做出決定,由羅斯柴爾德銀行倫敦分行向英國政府提供400萬英鎊,搶先買下了這批股票。此舉使英國控制了蘇伊士運河,帶來了巨大的政治、軍事和經濟利益。萊昂內爾·羅斯柴爾德也因此成為舉國上下敬仰的英雄。

儘管羅斯柴爾德家族擁有巨大的財富,並躋身歐美上流社會,但他們始終堅持猶太人的傳統、維護猶太人的利益。這個家族大多數人堅持族內通婚,下屬的公司企業都守猶太教的安息日,不做任何生意。1820年,他們宣布不同任何一個拒絕給猶太人公民權的德國城市做生意。

羅氏家庭還積極參加猶太人的各種活動,向猶太社團捐款,包括參與猶太復國主義運動。它在法國的成員愛德蒙男爵20世紀初向巴勒斯坦的早期猶太移民提供了約600萬美元的資金,幫助移民購買土地和生產設備。倫敦的華特曾任英國猶太復國主義主席,與猶太復國主義領導人魏茲曼一起,第一次世界大戰期間在英國積極活動,終於使英國政府以外交大臣貝爾福致沃爾特·羅斯柴爾德勛爵一封信的形式,發表了著名的《貝爾福宣言》,最後導致了以色列國的建立。

都說「富不過三代」,羅斯柴爾德家族在19世紀末也開始衰落。

衰落的原因,首先是羅斯柴爾德家族在1865年出現策略

第一章　自制力：我要做，我不要，我想要

判斷失誤，認為美國經濟不會大幅發展，於是把它在美國的分行都撤銷了。這個致命失誤直接導致了摩根家族的興起。

其次，羅斯柴爾德家族在一戰和二戰中損失慘重。作為猶太人家族，羅斯柴爾德在納粹統治下受到慘重的打擊，許多位於德國、法國和義大利的資產被摧毀。冷戰期間，羅斯柴爾德家族在東歐的許多資產又被蘇聯接管了。

第三，羅斯柴爾德堅持家族產業，也阻礙了它的繼續發展。從1960年代開始，歐美的大銀行紛紛上市，籌集了大量資金，羅斯柴爾德則還是用自有資金發展，速度緩慢，逐漸落伍。

如今，羅斯柴爾德家族表面上看變小了，實際並非如此。與張揚的美國資本不同，羅斯柴爾德家族行事低調，一般人只有在讀歷史書的時候才能碰見它，但是它無所不在。

直到現在，羅斯柴爾德家族的銀行都拒絕上市，這意味著它根本不用公布年報。200多年來，他們一共在地球上投資了多少生意，賺了多少錢，只有家族核心成員才清楚。它在世界經濟界的影響，也只有極少數細心的專業人士才能發現。試想，誰能從幾年前的鐵礦石價格暴漲中看出羅斯柴爾德家族的影子？誰知道2004年為英國政府的行動通訊3G牌照拍賣充當融資顧問的便是羅斯柴爾德家族？這條消息在《華爾街日報》上絕對看不到。

> 保持神祕低調的富豪家族

　　如今羅斯柴爾德銀行集團的業務主要是併購重組，羅斯柴爾德的併購重組業務主要在歐洲。2006年世界併購排行榜上，他們排在第13位。

　　經歷了250年的風雨變遷，這個家族依然興旺發達。對此，德國詩人海涅說過一句很經典的話：金錢是我們這個時代的上帝，而羅斯柴爾德則是它的先知。

　　在失敗中總結經驗教訓，透過改變自己來改變對世界的影響力，羅斯柴爾德家族的歷久彌堅是猶太人強大自制力的代表。

第一章　自制力：我要做，我不要，我想要

比總統老公更有自制力的女人

曾與川普競爭美國總統的希拉蕊，是第一位參與美國總統競選的女人。

如果說，當年康朵麗莎‧萊斯擔任美國國務卿一職的時候，全世界對她都還不甚了解（當然，在後來的時間裡，她用自己特立獨行的風格在國際外交界樹立了自己的形象，讓人們永遠記住這位黑人女外交官），那麼，後來接任萊斯國務卿一職的希拉蕊，卻是全世界都很熟悉的一位女人。不僅因為她是美國前總統柯林頓的夫人，更因為她是一個飽受爭議，卻一直雄心勃勃，希望依靠自己的實力在政治上能夠大展拳腳的女人。

她不是一個普通的女人。在狂熱的追隨者眼中，她是一位勇敢的妻子、一位性感的女人、一位充滿智慧的女強人；而在政敵眼中，她則是一個虛偽狡詐、老於世故和政治伎倆的女人。但無論是她的政敵，還是狂熱追隨者，都不得不折服於她的公眾影響力。

希拉蕊‧羅登‧柯林頓（Hillary Rodham Clinton）1947年10月26日出生在芝加哥。充滿愛的童年生活奠定了她對家庭、工作要忠誠的信念和服務大眾的信念。1969年，希拉蕊

> 比總統老公更有自制力的女人

就讀於耶魯法律學院，1971 年，她認識了同校的比爾‧柯林頓。美麗而有思想的她讓周旋於眾多女性之間的情場老手柯林頓第一眼便被深深吸引，以至於下課後，柯林頓情不自禁地尾隨她出去，但對於追求女人有著經驗豐富的他竟鼓不起足夠的勇氣主動上前去跟她搭腔說話。

第二次再見時，是希拉蕊主動上前對盯著她看的柯林頓打招呼：「如果你打算一直盯著我，我也要回盯你。我想，我們至少應該互相認識一下，我叫希拉蕊，你叫什麼名字？」

大學畢業後，希拉蕊從事律師工作。1975 年二人完婚，5 年後他們有了自己的女兒雀兒喜。雖然很多人說希拉蕊與柯林頓在一起是出於她的政治野心，但是，不管怎麼說，他們之間的愛是真誠的。

因為希拉蕊說：「在耶魯法學院的時候我就不能自已地愛上了比爾，我那樣清楚地知道自己想和他在一起。當和他在一起的時候，我總感覺比沒有他在身邊的時候要快樂許多，而我也總自信地認為，自己無論在哪裡都能擁有有意義的、有成就感的生活。」而那時候柯林頓尚未從政。

希拉蕊讓柯林頓放棄了眾多容貌美麗、身材性感的女人，兩人相伴一路走來。後來柯林頓發生「陸文斯基醜聞」事件，但他對牧師懺悔說，他會做任何事情來挽救他們的婚姻。他表示：「在這個世界上，我愛希拉蕊與雀兒喜超過一

第一章　自制力：我要做，我不要，我想要

切。」說到這裡，兩人手拉手跪在一起祈禱，都流淚了。柯林頓向希拉蕊鄭重保證，他將改變自己的生活方式。而希拉蕊經歷了痛徹心腑的心理歷程，最後控制住自己怒不可遏的本能反應，選擇原諒了他。她是這樣解釋他們之間的愛情的：

「我只知道沒有人比比爾更了解我，也沒有人能像他那樣令我放鬆身心地開懷大笑。儘管這麼多年過去了，他仍然是我生命中遇到的最有活力、最有趣、最生動的一個人。我和比爾·柯林頓先生在1971年的秋天開始第一次談話，而30多年過去了，這談話仍在繼續。」

作為一個有思想的女人，希拉蕊並不滿足於當「第一夫人」，柯林頓卸任後她積極投身政壇。2000年11月7日在紐約州參議員選舉中獲勝，當選美國國會參議員，成為美國史上第一位贏得公職的第一夫人。

希拉蕊不僅善於在政界和軍界結交朋友，而且在參議院為人低調，非常注意把自己「第一夫人」的身分和參議員的身分割槽別開來。每逢委員會舉行聽證會，她總是到得很早，儘管她總是最後一個發言。

在參議院，希拉蕊最初沒能進入那些所謂的「Super-A」（極好的）委員會，如撥款委員會、軍事委員會、財政和對外關係委員會。於是她帶著自己的專家，在健康和教育委員會找了個位子坐下。與此同時，她也在爭取遊說到更好的位

置。2003年,她離開預算委員會,在軍事委員會找到了自己的位置。在那裡,她是最早在國會指出駐伊美軍缺乏裝甲武器的參議員之一。「911」事件後,她又極力主張加強國土安全,並指出了港口和邊境等一些敏感地區的安保疏漏。她最大的成績,是在世貿中心遭襲後不久,在國會極力爭取了200億美元的安保撥款。後來,她又領導一場提高基本薪資的抗爭。她認為,國會的薪資漲了,社會上的最低薪資也要相應提高。

她的勤奮工作,讓她的政治聲望穩步上升,共和黨人甚至都找不到一個可靠的候選人跟她競選紐約州參議員。

2007年1月20日,希拉蕊‧柯林頓在其個人網站上宣布將參選2008年美國總統大選。

共和黨前任主席艾德‧格里斯佩表示:「希拉蕊的優勢是,她很聰明,非常堅決,而且精於謀劃。缺點是,她(有時)顯得極端……而且她不可能每次都謀劃準確。」

民意測驗專家馬克‧邁爾曼讓10位黑人婦女選出她們心中的政治英雄時,有8個人選了希拉蕊。

在《時代》週刊的調查中,只有3%的人對她不做任何評價。而選民對她的認可也呈兩極分化態勢。民主黨人壓倒性地將她視為一個有著強烈道德價值觀的強硬領導人;共和黨人基本上將她視為一個為了政治野心而願意做任何事、說任

第一章　自制力：我要做，我不要，我想要

何話的機會主義者，而且認為她會在政治利益和信仰之間，優先考慮政治利益；至於無黨派者，53% 的人不支持她，其中有 34% 的人「絕對不會」支持她。

當希拉蕊在黨內競選中輸給歐巴馬之後，她即呼籲她的選民轉而支持歐巴馬。

後來，新當選美國總統的歐巴馬提出讓同樣擁有美國總統夢的曾經的第一夫人──希拉蕊擔任國務卿。在很多人看來這是歐巴馬彌補劣勢，拉攏柯林頓幫，套牢希拉蕊，以達到一石數鳥的辦法。

希拉蕊雖然不是外交官，但是她見多識廣，精明能幹，而且跟隨柯林頓出訪過 80 多個國家和地區，在國際上知名度很高，在各國領導人中有許多熟人，這是一般政客難以企及的先天優勢。從政治理念看，希拉蕊與柯林頓一樣是個務實派。由於歐巴馬團隊的理想主義氣息，世界上不少國家擔心他的外換班子將執行一種自由主義和理想主義的路線。但如果希拉蕊管外交，她或將能在一定程度上幫助歐巴馬保持美國外交的延續性。不僅如此，希拉蕊如果成為歐巴馬的閣員，也等於被「套牢」。希拉蕊的政治抱負，路人皆知。如果繼續在野，可能再次成為歐巴馬下次大選中的對手。而且如果歐巴馬執政 4 年有負眾望，希拉蕊與他爭位的可能性就更大了。然而，如果希拉蕊成為歐巴馬政府的重要成員，那麼

她與歐巴馬的政策就難以脫開關係。很難想像，作為國務卿的希拉蕊，如何還能以局內人的身分去挑戰歐巴馬。

後來，希拉蕊辭去國務卿的職務，在歐巴馬勢頭正旺之時，並未與他爭奪下任總統，而是控制住自己爭強之心，待歐巴馬八年總統任期即將結束之時，她才出來競選新一任的總統。2016年，在與川普的總統競爭中，往年總統競選中各種「揭黑」套路悉數落在她身上，在大家看來，勝出希望越來越渺茫時，她卻沒有退縮，為著總統之位背水一戰。

希拉蕊這一生一直在為實現自己的政治抱負而努力奮鬥，同時，也在為她的國家和人民而勤奮工作，雖然野心不小，但她自制力之強令人驚嘆。她在柯林頓「陸文斯基醜聞」事件發生後，沒有與之離婚；她在與歐巴馬競選總統失利後，沒有將其視為仇敵，反而加入其內閣，成為擁有重要地位和能得到大展拳腳，以增加自己管理國家經驗的國務卿；在她再次參與總統競選，對手再次爆出她的一系列醜聞，她依然用強大的自制力做自己認為應該做的事。

她是當之無愧的女中豪傑。

第一章　自制力：我要做，我不要，我想要

守住本心，不做「御用」學者

曾有一位來自美國的經濟學家在亞洲掀起一股經濟研討的熱潮，他的演講門票賣到新臺幣數萬元一張，最貴的被炒到20萬以上，遠遠超過被稱作身價最高的演講者 —— 英國前首相布萊爾的400美元一張票。

這位被人們熱捧的美國人就是諾貝爾經濟學獎得主普林斯頓大學教授保羅·克魯曼。

保羅·克魯曼（Paul Krugman）是主流經濟學派的衣缽傳人和捍衛者，是薩繆森和索洛的愛將，但同時，他又善於衝鋒陷陣，勇於向任何傳統理論開戰。克魯曼的理論研究領域是貿易模式和區域經濟活動。在過去十餘年間，他出版了近20本著作，發表文章幾百篇。他的文筆清晰流暢，深入淺出，不僅是專業研究人員的必讀之物，更是普羅大眾的良師益友。在民眾的眼中，他是一位不可多得的大眾經濟學家。

克魯曼1953年出生於一個美國中產階級家庭，他在紐約的郊區長大，從約翰·F·甘迺迪高中畢業後，他來到了著名的麻省理工學院學習經濟學。大學時代的克魯曼似乎更偏好歷史，天天去上歷史課，而經濟學的專業課修得不多。大學

> 守住本心，不做「御用」學者

二年級的時候，著名經濟學家諾德豪斯偶然看到克魯曼的一篇關於汽油的價格和消費的文章後，為他對經濟問題的深刻理解所打動，立即邀請他做自己的助手。大學畢業後，在諾德豪斯的推薦下，克魯曼順理成章地進入了研究生院攻讀博士學位。此期間，由於個人問題，他的情緒低落，草草完成了博士論文就奔赴耶魯大學任教去了。

1982 年，克魯曼從瑞典參加一個國際會議回來就接到費爾德斯坦的電話，邀請他去華盛頓任職，擔任經濟顧問團國際經濟學首席經濟學家。

1987 年，克魯曼重新恢復了創造力，他寫出了大量高品質的論文 —— 第三世界債務減免、歐洲貨幣體系的作用、貿易集團化。這些文章獲得的好評打消了他對自己研究能力的懷疑，他開闢了一個新的領域 —— 新貿易理論。這些成就使他獲得了約翰·貝茨·克拉克獎。

1988 年，克魯曼出版了《期望減少的年代》(*The Age of Diminished Expectations*)一書，該書一出版即在美國引起轟動。他與莫里斯·奧布斯菲合著的《國際經濟學》成為各大學和貿易公司的標準教材。各大公司的總裁在看到他所著的書之後紛紛找上門來，請克魯曼為他們做商業諮詢。為此，克魯曼專門僱了一名經紀人，不是為了拉更多的客戶，而是為了提高價格，使商人們望而卻步。這段時期克魯曼發現了一

第一章 自制力：我要做，我不要，我想要

個有趣的課題——經濟地理學。他野心勃勃地想把這個課題發展成為經濟學的一個分支，並在這個領域取得很大的進展。

1992年的總統選舉使克魯曼在全美國人面前大出了一番風頭，他在電視上的經濟演說給柯林頓極大的幫助，但是柯林頓在執政之後並沒有啟用他為總統經濟顧問，而是選擇了柏克萊大學的女經濟學家蘿拉‧泰森，原因是克魯曼的性格過於剛直，在華盛頓和學術界都得罪了不少人。克魯曼自己也說：「從性格上來說，我不適合那種職位……你得會和人打交道，在人們說傻話時打哈哈。」

小布希上臺之後，克魯曼一週兩次在《紐約時報》發表文章，接連不斷地對政府進行聲討，以致他被看作是小布希政府的死敵。關於小布希的減稅計畫，克魯曼冷嘲熱諷的專欄加起來出了一本書，這就是有名的《減稅圖利了誰》(*Fuzzy Math: The Essential Guide to the Bush Tax Plan*)。保羅‧克魯曼最讓世人吃驚的是他超強的預言能力。

1994年，克魯曼針對世界銀行給予亞洲經濟成長以「東亞奇蹟」的評價，激烈批評亞洲國家的經濟成長模式，是「建立在浮沙之上，遲早幻滅」。1996年克魯曼在出版的《流行的國際主義》(*Pop Internationalism*)一書中大膽預言了亞洲金融危機。該書在短短兩年內重印了8次，總印數達120萬。當時很多人被他的預言激怒，不過，1997年亞洲爆發金融風

> 守住本心，不做「御用」學者

暴，克魯曼的「預言」成真，這讓不服氣的人不得不閉嘴。

2000 年，克魯曼又在〈能源危機重現〉的文章中指出，新一輪國際油價上漲週期已經到來。2001 年，在《紐約時報》的專欄文章中，克魯曼又一次重申了自己的觀點。果然，2001 年以後，國際油價急遽上漲。2006 年 8 月，克魯曼撰文說，由於美國樓市近年來價格暴漲，在很多地區房價開始下降，投機需求出現逆轉，導致目前市場上充斥著未出售的房產。在克魯曼看來，正是布希政府前幾年推行的過於寬鬆和缺乏監管的政策，催生了此後的金融泡沫，最終引爆今天的危機。2008 年底，他一人獨獲諾貝爾經濟學獎。

從《面對失靈的年代：克魯曼談金融海嘯》(The Return of Depression Economics and the Crisis of 2008)到《下一個榮景：政治如何搭救經濟》(The Conscience of a Liberal)，諾貝爾委員會把經濟學獎授予他，怎麼看都像是對這次全球金融危機乃至未來經濟蕭條的一個回應。

克魯曼平時愛寫部落格，平均每週 13 篇。獲諾貝爾經濟學獎的當天，他只寫了一篇非常簡單的部落格，文章只有一句話，「今天上午，在我身上發生了一件好玩的事情。」

作為經濟學家，控制住追名逐利之心，獨立於政府之外，不做「御用」經濟學者。這樣，他才可能發現潛在的經濟規律，憑良心做出準確預言，從而獲得諾貝爾獎。

第一章　自制力：我要做，我不要，我想要

第二章
成大事者皆有超強自制力

第二章　成大事者皆有超強自制力

為什麼自制力至關重要

每個人都自帶「原始本能」，比如：懶惰，好吃，嗜睡，貪玩，暴躁……這些「原始本能」來源於「原始大腦」中的「歷史潛意識」——我們祖先曾有過的人生經歷，比如：在物資匱乏的年代，大腦持續分泌化學物質，促使人們去尋找並攝取足夠多的食物，將自身的脂肪儲存得越多越好。在物質豐富的今天，我們不再需要那麼多的食物，並且醫學發展告訴我們：吃太多會導致各種疾病。然而「儲存脂肪」的歷史潛意識依然會來爭奪身體的控制權，自制力弱，就很容易被俘虜，淪為一個時刻喊著要減肥，卻抵制不住美食誘惑，體重不斷飆升，出現各種身體疾病的「吃貨」。

我們只有一個大腦，但是我們常常會感覺到有兩個自我，這兩個自我會在我們同一個大腦裡交鋒。通常有兩種結果：一種是「原始本能」占上風，一種是自制力占上風。這就導致截然不同的結果。

當「原始本能」占上風的時候，我們會隨心所欲地做自己即時想做的事，並獲得即時滿足感。即時滿足感擠占了大腦空間，自制力就弱下去，沒有足夠的力量發起交鋒，長時間保持這種狀態，就會養成極壞的習慣，並深陷其中難以自拔。

為什麼自制力至關重要

當自制力占上風的時候,我們的大腦會產生強烈的指引力,指引正確的方向,引導我們戰勝「原始本能」,邁向更美好的生活。

在歷史發展過程中,社會逐漸走向複雜,先輩們遇到的事情越來越多,沉澱下來的「原始本能」也越來越多,我們也越來越需要運用自制力去對抗。

在資訊不發達的年代,傳遞資訊較為不易,多數人對自己一畝三分地之外的事情無從知曉,掌握較多資訊的人就會被稱為「百事通」,受人敬佩。比如《紅樓夢》中對賈府情況較為熟悉的買賣人冷子興就被賈雨村看作是「有作為大本領的人」。在那種情況下,資訊傳播不遠,了解管道不多,實行政策也相對容易。而現在,每天都有無數資訊在轟炸著我們的手機、電腦,直接侵入我們的大腦,資訊比火箭發射還快,瞬間傳遍世界的角角落落。真實的資訊會這樣,虛假的資訊也一樣流傳,如果沒有辨別是非的能力,沒有抵禦輕信的自制力,就很容易淪為信謠傳謠的人。別有用心的造謠者可惡,輕信謠言者可憐,信謠並傳謠的人就不禁可憐還可恨可厭。

訓練並增強自制力,讓自制力戰勝「原始本能」,自然生發出抵制惡習的強大信念,必將成為生活的智者,讓生活在我們手中做自己「想要」做的事,從而實現目標,獲得成功,享受快樂人生。

第二章　成大事者皆有超強自制力

別陶醉於眼前的成功

1980年代和1990年代初,「蘋果」電腦給我們留下了深刻的印象。後來,卻「消失」了一段時間。

「蘋果」去哪裡了?原來,從1985年「蘋果」創始人賈伯斯被迫離開「蘋果」開始,「蘋果」就被進入個人電腦市場的「IBM」、「微軟」等公司擠到一邊去。蘋果電腦的市場占有率迅速下降,從巔峰期的70%下降到60%、50%,到1996年的時候,連5%都沒有了。

「蘋果」,是1976年愚人節這天,21歲的賈伯斯和26歲的沃茲尼克在賈伯斯養父的車庫裡成立的一家高科技公司研發出的個人電腦。為了紀念偉大的人工智慧領域的先驅——圖靈(Alan Mathison Turing),而採用那個被咬了一口,置圖靈於死地的劇毒蘋果作為商標圖案。

在「蘋果」電腦研發出來之前,電腦是企業才能使用的工具,賈伯斯和他的朋友們經過努力,研發出世界第一臺家用電腦——蘋果一號,這部電腦沒有螢幕,是把鍵盤連線到電視機的顯示器上來用。不久,有顯示器的蘋果二號誕生了,並很快獲得巨大成功。

1980年,蘋果電腦公司在美國那斯達克上市。一夜之

> 別陶醉於眼前的成功

間,造就了 4 個億萬富翁,40 多位百萬富翁。到 1984 年,公司的員工已達 4,000 多人,淨資產也高達 20 多億美元,這是美國商界的一段神話。

為此,1985 年,美國總統雷根邀請年僅 29 歲的賈伯斯去華盛頓,授予他「美國總統技術獎」。可是就在這一年的 9 月分,賈伯斯卻因為與他自己請來的蘋果公司的首任 CEO 約翰·史考利矛盾重重而不得不離開了他一手創辦的公司。

賈伯斯帶走五名大將創辦了自己的新公司——NeXT 軟體公司。不料,產品還沒問世,就遭到蘋果公司關於技術侵權的起訴,這讓 NeXT 公司產品的研發和銷售舉步維艱。

在那艱難的十年裡,賈伯斯還做了一件事,他用自己的錢收購了當時的皮克斯動畫工作室,成立皮克斯動畫製片公司,用電腦製作深受全世界兒童歡迎的卡通《玩具總動員》、《海底總動員》、《超人特攻隊》等。

1996 年,他把皮克斯動畫製片公司以 74 億美元的價格賣給了迪士尼公司。而就在這一年,CEO 史考利離開了每況愈下的蘋果公司,董事會決定以 4 億美元收購 NeXT 公司,並給賈伯斯 15% 的股份,邀請他回來領導陷入困境的「蘋果」。

賈伯斯對「蘋果」感情極深,馬上回來。回到蘋果後,他身兼 CEO 和董事長兩職,很快推出第一代的 iMac(iMac 是針對消費者和教育市場的一體化蘋果麥金塔電腦系列),他帶

第二章　成大事者皆有超強自制力

領蘋果公司實現轉虧為盈，從 1996 年公司虧損 10 億美元，到 1998 年盈利 3.1 億美元，業績很不錯。但是他意識到，蘋果電腦在個人電腦的市場占有率只有 5%，要想突圍，就必須尋找新的發展方向。2001 年，他做出了一個令人吃驚的舉措，推出一個跟電腦幾乎不相關的產品──iPod（音樂播放器）。

iPod 可以從網路、電腦上下載歌曲，這是從電腦產品走向數位娛樂產品的巨大跨越。2001 年到 2003 年，賈伯斯的 iPod 音樂播放器超過了日本索尼公司的 Walkman 和索尼的 MP3、MP4，到 2008 年底，iPod 在全世界的市場占有率高達 73%，即使在日本，iPod 也擁有 60% 的市場占有率，成為全球第一名。而索尼公司的 MP3、MP4 的市場占有率連 10% 都不到。

iPod 的成功，除了外觀設計精美之外，還因為賈伯斯大膽地做了一個創新，把 iPod 的音樂播放器跟網路上的音樂商店做了對接，當顧客購買或使用 iPod 的時候，可以自由地從網路上透過 iPod 的音樂商店下載自己喜歡的音樂，按每一首樂曲付錢，而不是像過去那樣，到商店裡買一張 CD，為 10 首歌、20 首歌付錢。iPod 的成功再一次說明：創新是賈伯斯身上最閃亮最關鍵的要素。

然而，賈伯斯的創新並非一帆風順，風風雨雨幾十年，他的創新遭遇過無數次失敗的打擊，但這些失敗從來沒有阻

> 別陶醉於眼前的成功

止過他前進的步伐。2007年1月分,賈伯斯對全世界宣布,把蘋果電腦公司的名字改成蘋果公司。

少了「電腦」這個詞,公司更是放開手腳,進行各方面的創新。2007年,蘋果推出世界上第一款蘋果作業系統的iPhone——蘋果手機。

當時的手機市場已經是幾大著名廠商的天下,有人說蘋果公司在這個時候進入手機市場簡直是找死。

但令人嘆為觀止的是,蘋果公司僅靠一款手機,從2007年開始,銷售額每年都以翻番的速度成長,僅一款手機一年就可以賣出1,000萬臺以上,而那些大牌的廠商,每年都要設計出幾十款甚至上百款新手機,而每一款手機的銷量少的只有幾萬臺,多的也不過幾十萬臺。

為什麼有那麼多人競相購買蘋果手機呢?賈伯斯最大的創新並不僅限於手機本身,他還透過網路建立了一個手機應用軟體商場。在這個商場裡,可以用蘋果手機購買下載應用軟體,而這些應用軟體是無數中小軟體開發商,甚至個人研發出來的。給蘋果公司一點錢,就可以掛到空中商城銷售。例如:一位30歲的軟體工程師利用業餘時間寫了一個小的遊戲軟體,掛到空中商城去。幾個星期後,這款小小的軟體就為他帶來了37,000美元(稅前)的收入。

從iMac到iPod再到iPhone,賈伯斯帶領蘋果公司在經

第二章　成大事者皆有超強自制力

濟危機最嚴重的時候攀上了IT產業的制高點，實現年收入350億美元。後來數年裡，更是達到年收入千億美元。2015年其市值最高時一度超過7,000億美元，成為人類歷史上市值最高的公司（以美元計價）。自2007年首代iPhone面世以來，蘋果公司的營業收入迅速成長。根據蘋果歷年財報數據測算出：2008～2015的8個財年，蘋果公司的營業收入約997.82億美元。

對企業來說，領袖人物控制力展現在對發展方向的掌控上，不陶醉於眼前的成功，方能成就更大的未來。堅持創新，而非迎合市場消費族群，這是賈伯斯本人和他的繼任者對企業控制力的最大區別。

讓比爾蓋茲佩服的人

讓比爾蓋茲佩服的人

艾爾弗雷德・斯隆（Alfred Pritchard Sloan, Jr.）這個名字可能很多人不熟悉，他寫過一本書──《我在通用汽車的歲月》（*My Years with General Motors*），也可能很多人沒有聽說過。但是，比爾蓋茲的大名猜想當今社會無人不曉，蓋茲對斯隆的推崇從他的一句話中可以想見：「如果你只想選一本商業著作來讀的話，我認為，艾爾弗雷德・斯隆的《我在通用汽車的歲月》可能是你所能讀到的最好的商業著作。」

管理大師彼得・杜拉克早已記不清曾經向多少人推薦過此書了：「只有屈指可數的商業著作能夠歷經數十年的考驗而成為經典，毫無疑問，《我在通用汽車的歲月》就是這樣一本偉大的著作。」《商業週刊》把它放在「絕對必讀書架」的第一名；《財富》雜誌則把它列為 CEO 必讀書。

當通用汽車公司陷入破產的困境時，很多人想起了斯隆，有人甚至提出：如果斯隆回來……

是的，斯隆，在他當通用汽車 CEO 期間，通用汽車經歷了 1929 年世界範圍的經濟大蕭條，然而，天才的他帶領通用汽車度過了那艱難歲月。不僅如此，從 1930 年開始，通用

第二章　成大事者皆有超強自制力

汽車在他的領導下發展迅猛，很快就成為全球最大的汽車製造商。

艾爾弗雷德·斯隆，1875年5月23日出生於康乃狄克州紐哈芬市，父親是布魯克林的茶葉咖啡進口商。斯隆小時候對機械和企業並無興趣，是個傳統的「書呆子」。15歲開始，斯隆一再向麻省理工學院遞交求學申請，起先一再被退，但他不氣餒，一年後終獲批準。20歲的時候，他成了麻省理工學院年紀最小的畢業生。畢業後到海厄特滾珠軸承公司當繪圖員。

1897年由他父親提供經濟援助，買下了海厄特公司的股份，掌握了控股權。這家公司後來成為汽車工業軸承的主要供應商之一。22歲的斯隆開始展現管理方面的天分，他後來寫道：「我們的經營管理達到了當時企業管理最科學的程度。我們的工廠組織嚴謹。95%左右的生產性勞動用於計件生產。我還設立了有效的成本核算體系。在我們的薪資單上有化學家，也有冶金學家。從原料到減磨軸承，每一步都以科學方法進行檢驗。」

海厄特公司向大部分汽車製造商出售軸承，但最大的兩家買主是福特公司和通用公司。這使斯隆深感不安：「我們的核算提示了一個令人不安的事實：公司一半以上的收入來自福特公司，另一個大主顧是通用公司，其他顧客與之相比都

相形見絀。如果福特或通用公司自建軸承廠，我們的公司豈不身處絕境？」意識到這一點之後，斯隆在 1916 年把海厄特公司以 1,350 萬美元的價格賣給了通用公司。然後，斯隆做了通用汽車公司的副總裁。

1921 年的時候，美國經濟出現了一個低潮，通用第一次差點破產，這次危機，通用靠斯隆提出的專業化的財務管理模式得以挽救。

1923 年，斯隆被提拔做通用汽車公司的總裁。在這個位子上，他建立了一套現代管理制度，並成為典範，從此以後，美國很多的公司紛紛效仿。關於通用汽車公司的管理，斯隆主要做了兩件事情。第一，提出按照市場的需求做預測，安排生產計畫，這個想法在當時是一個創舉，因為那個時候很多企業都是憑感覺下單子。當大蕭條來的時候，通用汽車沒有因為有大量賣不出去的庫存而導致破產。第二件事情，是對旗下八九個不同品牌的分公司的資金實行集中管理。透過公司內部的集中調配，使他們減少了對銀行的依賴。斯隆的這兩個舉措使得通用汽車安然度過了 1929 年開始的經濟大蕭條危機。

此外，斯隆第一個提出貸款買車的概念，成立通用汽車金融服務公司，專門為買車人提供貸款，這個辦法一直延續到今天。斯隆還有一個非常大的貢獻，就是提出了「專業經

第二章　成大事者皆有超強自制力

理人」的概念，理順了總公司和分公司的關係。

為了有效地和福特競爭，他還提出了一個新的概念，叫作「主動報廢」。就是說每個分廠每年都要研發出一款新的車型，而福特汽車公司一款 T 型車就賣了 20 年，沒有競爭力。

斯隆的這些做法為後來美國企業的發展樹立了光輝的典範。退休後，他寫了一本書，叫作《我在通用汽車的歲月》，這本書一經出版，就吸引了大量的企業管理的研究者和許多企業的經理人。如今，這本書已經成為西方管理學的經典著作。

大蕭條成就了斯隆，斯隆成就了危機中的通用汽車。在順境裡，縱然有本領也沒有歷練的機會，只有在危機中，有才華的人才有突顯的機會。斯隆的才華最早展現在他強大的自制力上——15 歲開始，一再向麻省理工學院遞交求學申請，即使一再被退，他也毫不氣餒，因為他知道這是他「想要」的。後來，在領導通用汽車公司中，他將「我想要」發揮到極致。強大的自制力成就了這一位讓比爾蓋茲佩服的天才人物。

「鐵腕」締造傳奇

「Citibank」——「花旗銀行」，您一定不會陌生。

現在，這家美國最大的金融機構應該是叫作「花旗集團」（Citigroup, Inc.），它是當今世界資產規模最大、利潤最多、全球連鎖性最高、業務門類最齊全的金融服務集團，它總資產達7,000億美元，淨收入為500億美元，在100個國家有2億客戶，擁有6,000萬張信用卡的消費客戶。

這麼一家頂級銀行，它不是憑空出現的黑馬，它經歷了漫長的發展壯大過程。這個過程中，頂尖人物的鐵腕管理產生了決定性的作用。

這個人物就是花旗集團曾經的總裁和執行長桑迪·威爾（Sandy Weill），他是華爾街備受推崇的靈魂人物，他眼光睿智、能力驚人，是具有堅毅管理性格的產權交易大師。他不會讓任何事情成為資本成功運作的絆腳石，憑藉著自己堅強的意志，鐵一樣的手腕，最終使花旗集團以前所未有的方式主宰了整個金融界。在以殘酷和冷血著稱的美國商界奮戰達40年之久，桑迪·威爾不僅賦予了「交易」一詞一個全新的定義，而且逐漸成了產權交易的化身，被譽為「資本之王」。

第二章　成大事者皆有超強自制力

在一飛沖天的財富效應面前，沒有人能拒絕那令人血脈賁張的刺激誘惑，他是怎樣做到的呢？

1955年6月，桑迪‧威爾和女友瓊‧莫舍結婚。婚後，他開始在華爾街找工作。但是，當時華爾街的老牌公司對於來自猶太家庭的年輕人是排斥的，桑迪‧威爾一時無事可做，夫婦僅靠結婚禮金和威爾成人儀式上節省下來的錢生活著。「送信人」是桑迪‧威爾在華爾街的起步。在經歷了艱難的無所事事後，桑迪‧威爾幸運地被貝爾斯登公司僱作了送信人，每月薪資150美元。經紀人接受買賣股票的訂單後，由「送信人」將訂單跑著送到交易人手中，再由交易人來執行交易。儘管薪水不多，但桑迪‧威爾卻在交易大廳裡迅速成長，最終被提升為經紀人。

1960年，在妻子的鼓勵下，他和三個朋友湊了21.5萬美元作為註冊資本，合夥創辦了自己的經紀公司。他們的公司很快因大量吸納散戶而聲名鵲起，還透過不斷地兼併達到發展壯大。

在一次又一次地兼併中，威爾成了華爾街上舉足輕重的人物。

1996年，他的旅行者集團憑借213億美元的年收益躋身「財富500大」前40強，其綜合市值已達340億美元。《商業週刊》曾這樣評價他：

「鐵腕」締造傳奇

在10年的時間裡，桑迪·威爾把一系列前景堪憂的公司打造成華爾街金融鉅艦。

作為大型的優秀金融集團的總裁，恐怕很少有人會做到「事無巨細，親力親為」吧？

但桑迪·威爾做到了。

「在我的一生中，從來沒有遇到像他這樣不達目的誓不罷休的人——建立一個目標並且實現它。」這是花旗集團首席營運長兼桑迪·威爾最信任的顧問之一——查爾斯·普林斯說的話。

桑迪·威爾遇到問題的習慣做法是：走進員工辦公室，向20名員工詢問同一問題，然後綜合他們的答案做出自己的決策，以此手段代替閱讀公司備忘錄和報告。

有人認為桑迪·威爾輕率無情，有人認為那是對數字反應敏捷。看看這個例子，您自己判斷一下，究竟哪一個更準確：

桑迪·威爾喜歡把8～10個人集中在一個房間裡，透過資料分析一項計畫將產生的結果，其中6個人說：「把這個問題交給我的團隊吧！我們下週二再聚會討論。」而桑迪·威爾此刻已經在腦中高速運轉那些資料，並很快確立了結果。

控制力極強的桑迪·威爾具有百折不撓的個性，這是領袖人物所必需的。

第二章　成大事者皆有超強自制力

在近50年的商業生涯中，桑迪・威爾改變了商業社會的格局，但他並非像巴菲特那樣運用金融智慧，也不像蓋茲那樣率先使用新產品，相反，他總是對那些看起來走入絕境的無法營運的小企業感興趣，將他們成功組建並發展為良好的大公司，填補了他人還未意識到的產品的空白，攫取他人沒有勇氣去角逐的勝利果實。

花旗集團的一位高級執行官將制定謀略時的桑迪・威爾比作西洋棋冠軍，因為他總是「走一步，想三步」，盡量隱藏自己的最終目標，所走的每一步看似彼此獨立，沒什麼重要意義，但最終會將對手引入陷阱並一網打盡。

桑迪・威爾擊敗他的前任聯合執行總裁約翰・S・里德，就是成功運用這種策略的最著名策略。里德於2000年4月退休，他將自己從1984年開始苦心經營的銀行輸給他的對手。

對於發動數不清的商戰並大獲全勝的桑迪・威爾來說，商場中遍布敵視他的人——包括曾經的同事和合夥人，但又有更多的人將其視為英雄。

收購，收購，收購，在一連串的收購中發展壯大。

1986年，桑迪・威爾成為商業信貸公司總裁的時候，這家公司已經日漸衰敗，沒有人能夠想到，桑迪・威爾竟能以這樣一家衰敗的公司為基礎，透過收購發展出像花旗集團那樣的商業巨頭。其間，他收購了普瑞瑪瑞卡公司，得以殺回

證券領域；收購旅行者保險公司，將自己賣出的目前境況不佳的西爾森公司重新買回來，還收購了一家岌岌可危的投資銀行——所羅門兄弟公司。而這些收購僅僅是熱身戰，令整個商業界震驚的是花旗公司與旅行者集團的涉資700億美元的合併，不僅因為規模巨大，還因為明顯違背了《聯邦證券法》，他到處遊說，甚至將電話打到柯林頓總統那裡，最後他如願以償了，他成功了。就在併購完成一年之後，那項他公然藐視的金融服務法案就被廢除了。

2000年，他還完成了極具爭議的一次交易——花旗集團收購聯合第一資本公司；2001年，他收購了墨西哥第二大銀行——巴那可西集團（Banamex）。

如今，花旗集團昂然屹立於金融領域，它的成功模式獨一無二，桑迪‧威爾功不可沒。

沒有一個資本家不注重金錢，但美國的資本家因為制度、信仰、價值觀等原因，在成功之後常常將自己變成慈善家，桑迪‧威爾也是如此。

桑迪‧威爾個人資產十分龐大，到2002年估計為14億美元，僅1998年，他就賺了1.68億美元，媒體經常譴責他收入過高，但他對此根本就置若罔聞，他一直倡導員工持股的理念，這一理念令他和他的長期雇員獲得豐厚的報酬。

桑迪‧威爾與妻子擁有一座莊園、一棟複式豪宅、一座

第二章　成大事者皆有超強自制力

可以欣賞美景的別墅，財富雖然仍具有誘惑力，但是對桑迪‧威爾來說，已不是主要動力。「財富只是保持他自身卓越的一種手段。」這是曾與桑迪‧威爾合作過的資深銀行業分析師對他的評價。

桑迪‧威爾與妻子花費很多時間規劃他們財產的使用，他們曾經兩次分別捐贈 1 億美元給康乃爾大學醫學院；桑迪‧威爾是卡內基音樂廳的董事長，國家學術基金會的創始人和主席，該基金會為非營利性組織，旨在為那些以金融、資訊科技、旅遊等為目標職業領域的高中生提供幫助。

桑迪‧威爾還透過花旗集團展現他的慈善責任，在「911」事件後，花旗集團為遇難者的孩子們設立了總額為 2,000 萬美元的大學教育基金。

桑迪‧威爾總結自己對成功的認知：

「我不會把我們所做的任何事情、任何收益、任何成績視為結束，而只是把它們看作是建構未來的基石，當我們前進到某一點，我們總是把繩子扔得遠一些；繼續前進到下一點，再將繩子扔得更遠一些。在這條路上，你無法停止。你只能不斷向前看，嘗試其他新的東西。你要不斷尋找建構未來的磚石。這條創造嶄新未來的道路，永無止境。」

縱觀桑迪‧威爾一生，他總是毫不猶豫地為自己創造嶄新的未來。如果用一條曲線來表示他近 50 年來的職業生涯發

展軌跡，它不會只是一條輝煌上升的單一弧線，而是包含一系列逐漸形成的波峰和波谷，它們分別代表了桑迪‧威爾所取得的成就和所遭到的挫折。

如果，更加仔細地研究這張曲線圖，將會發現，在每一個波谷後面，都會出現一個高聳的波峰，它代表桑迪‧威爾每次受挫之後，都會更加堅定決心繼續前行，哪怕從頭再來。

桑迪‧威爾所具有的這種出神入化的控制力 —— 建立一家公司，塑造一個新角色，建立一個新品牌 —— 這是他與那些位置相同但遜色的執行總裁的根本區別。

第二章　成大事者皆有超強自制力

以一己之力，扶起跌倒的「巨人」

　　1918 年，松下幸之助靠借來的 100 日元起家，創立松下電氣器具製作所，一路走來，他將一個只有 2 個人的小燈泡廠發展為日本家電行業的頭狼，然後採取與飛利浦公司合作的辦法，一步步邁向國際，成為世界級的品牌。

　　松下幸之助以他獨特的經營管理理念和方法贏得了「經營之神」的美譽。晚年，他制定了松下公司 250 年的發展規劃，也就是說，今後的社長，只要執行他的規劃，按部就班地走下去，就可以高枕無憂了。

　　但是，計畫趕不上變化，任何事物的發展都必然經歷轉折。

　　1989 年，95 歲的松下幸之助病逝，之後的 10 年時間裡，想以不變應萬變的松下公司就危機四伏了。他們不了解變化，看不到市場發展的前景，沒有去研究高科技行業對人們生活的影響，於是市場占有率減退，利潤逐年下降。幾十萬的公司員工翹首凝望董事會，盼望能從中誕生拯救者。

　　拯救者真的出現了，但既非來自松下家族，也不是從董事會中誕生。他，中村邦夫，是被從美國召回來的松下電器產業公司總裁。他是一個危機感特別強的人，在松下的幾十

> 以一己之力,扶起跌倒的「巨人」

年裡,口袋裡一直藏著一份辭職信。

他不愛說話,甚至有些靦腆。然而,溫文爾雅的外表下卻隱藏著標新立異的性格和雷厲風行的作風。

早年,他在日本秋葉原工作時就提出改革的想法,但因人微言輕而不被採納,後來他擔任北美負責人,進行了大刀闊斧的改革,並取得了很好的效果,這成了他後來調回日本,擔任松下公司 21 世紀第一任 CEO 的重要原因。

松下幸之助一直在松下公司實行終身僱用制,數十年沒有裁過一個員工,後來很多企業向他學習,終身僱用制一度成為日本引以為傲的制度。然而,再好的制度都是雙刃劍,中村邦夫看到,公司的管理系統開始失效,如果不對此實行改革,公司將會被拖垮。

於是,2000 年,他一上任就提出:公司創始人必須尊敬;創始人所定下的企業經營哲學不能被改變;但是,公司的組織結構可以改變。

松下幸之助早在 1930 年代,發明了以「高度自治」為主要特色的事業部制度,為松下電器打下了良好的公司結構,幫助松下成長為日本頂尖的全球性企業集團,也成為「亞洲神話」的一部分。

然而,到了 2000 年,互相獨立的事業部制已經顯示了「過度割裂,資源分散」的管理弊病。因為事業部的視野只在

第二章　成大事者皆有超強自制力

自己的事業領域，一些可能促進成長的跨事業部產品就得不到支持。

中村的一系列改革中，受到最激烈反對的，就是改變松下幸之助所親手創立的事業部制度。但中村還是取消了「事業部」制度，代以「經營領域」制度，例如「PAVC」經營領域，就是將松下旗下的音響、視訊產品、手機、照相機、電腦等相關部門併成一個部門。

「經營領域」的領導人被賦予比事業部更大的權力。最有效力的一招是，松下電器的最高層給予每個「經營領域」一筆資金，然後讓他們自負盈虧——如果虧損，自己想辦法去做好業務，尋找新的業務成長點。如果實在不行就淘汰掉。在這個基礎上，「經營領域」對旗下的各種業務實行了大量的「選擇與集中」策略。

在人員結構上，「中村革命」將過去繁雜的多級官僚體系，削減為三級左右的扁平化體系。他還實施了提前退休計畫，關掉數家工廠，幾年間，裁減了1.3萬人。此外，他還打破了日本企業近半個世紀的「年功序列」，讓年輕人更努力，為自己爭取未來。

松下改革之後，索尼、東芝、富士通等也紛紛效仿，總計裁員10萬人。但是，松下電器也為變革付出了大量的成本。2002財年，公司出現了有史以來的鉅虧——純虧損近

> 以一己之力，扶起跌倒的「巨人」

4,300億日元；2003財年，虧損減少到195億日元。到2004財年，松下削減的各項業務就達到1兆日元的銷售規模。在「節流」方面取得成果以後，松下開展了大量的「增效」活動。首先是引入了單元生產（cell-style）製造系統，讓工人主動思考如何提高生產力，因為薪資是與產出有關的。

另外，松下在全公司系統內花了1,200億日元建設了供應鏈管理系統（SCM），將全球的主要供應商都與松下的總部業務部門連起來。將資訊的市場回饋從一個月縮小到一天。

供應鏈加上單元生產系統，一年時間就為松下整個公司節省下了高達1,201億日元的庫存成本。

中村邦夫意識到依靠松下幸之助倡導的「自來水哲學」，銷售價廉物美的商品，已經不能適應當前社會的需求，而從事科技含量高的產業，松下又先天不足。

於是，他提出讓松下公司營運收入上大幅上升的「尖端武器」——「V產品」策略。所謂V產品，就是市場上能取得壓倒性勝利（Victory），創造高價值的產品（Valuable）。透過大力推銷這些拳頭產品，松下創造了高額銷售收入。

比如：一種「V產品」——斜桶洗衣機，可以不用彎腰就放入衣物，符合人體工學，特別方便坐在輪椅上的人，而且洗衣機的噪音被降至幾乎感受不到，這樣，就可以方便整日忙碌的日本人在晚上洗衣，也不打擾寶貴的睡眠。像這樣

第二章　成大事者皆有超強自制力

的「V產品」，松下每年都要推出好幾十種。

為了防止競爭對手很快抄襲「V產品」，侵蝕好不容易建立起來的市場優勢，松下電器精選了自己「技術武庫」裡的一批「黑匣子」技術，注入在V產品裡。所謂黑匣子技術，就是受技術專利保護，或是生產工藝不可複製，或是材料不可複製的技術，這樣競爭對手就算開啟了產品，也無法抄襲。

松下在技術研發上投下的重金，也使松下電器在「過冬的時候」，有了一件厚厚的「技術棉襖」。僅2003年，松下手上的專利儲備就達到了48,020項。

在本土市場需求不暢、供給飽和的情況下，海外成為松下重點擴張的市場，尤其是美國、中國及東南亞地區。在本土人員持續下降的時候，松下電器的海外業務人員卻從12萬人上升到了16萬人。松下電器已經有60%的利潤來自於海外業務了。

這些年來，松下不斷成長的淨利潤顯示，松下電器已經正式回到業務的上升軌道中。

中村邦夫的成功證明了：一個自制力特別強的企業家，時刻保持危機感，擁有正確的策略決策和強而有力的管理，即使是一個跌倒的巨人，也可以重新站起來。

為了「人人生而平等」

　　1860 年代之前，當美國南部的黑人處在奴隸主的控制下，被稱為「黑奴」，被隨意販賣、鞭打、踐踏，沒有自由，沒有安全的情況下，他們做夢也想不到，有朝一日，他們的國家將出現一位非洲裔的黑人總統。

　　140 多年前，美國出了一位為解放黑奴而奮鬥，讓世人永遠銘記的偉大人物 —— 林肯。1860 年，林肯成為共和黨的總統候選人，11 月，選舉揭曉，他以 200 萬票當選為美國第 16 任總統。林肯於 1863 年 11 月 19 日，在蓋茲堡陣亡將士公墓落成儀式上發表了演說。在這公認的英語演講的最高典範的演講詞裡，他說：「87 年前，我們的先輩在這個大陸上建立起一個嶄新的國家。這個國家以自由為理想，奉行一切人生而平等的原則……在上帝的護佑下，我們的國家將獲得自由的新生；我們這個民有、民治、民享的政府將永存於世上。」

　　1861 年 3 月，林肯就任美國總統。一個月後，他就為解放黑奴發動了南北戰爭，並兩次頒布了《解放黑奴宣言》。經過艱苦卓絕的浴血奮戰，黑奴終於被解放。然而，深受愛戴的林肯總統也付出了最為慘痛的代價 —— 1865 年 4 月 14 日

第二章　成大事者皆有超強自制力

晚，擔任總統僅數年的林肯在華盛頓的福特劇院被種族主義者刺殺身亡。

黑奴解放了，可是美國社會的種族隔離和種族歧視並沒有消失，在後面的歲月裡，黑人還必須不斷為爭取平等的權利而鬥爭，一直到1950、1960年代，出現了黑人運動的另一位領袖人物——馬丁·路德·金恩。

馬丁·路德·金恩雖不是總統，但獲得過博士學位，並身為牧師的他作為民權運動的代表，享有比總統毫不遜色的崇高威望與聲譽。他領導了多起黑人反抗壓迫的運動，為黑人爭取了一項又一項的平等權利。

1955年12月1日，一位名叫做羅莎·帕克斯的黑人婦女在公車上拒絕讓座給白人，因而被蒙哥馬利警察當局以違反公車座位隔離條令為由逮捕。馬丁·路德·金恩立即展開了蒙哥馬利罷車運動，號召全市近5萬名黑人進行長達1年的抵制，迫使法院判決取消地方運輸工具上的座位隔離。1963年馬丁·路德·金恩舉辦了爭取黑人工作機會和自由權的華盛頓遊行。

因為他的偉大貢獻，1964年，他被授予諾貝爾和平獎。那篇激情澎湃的演講詞《我有一個夢想》至今還在全世界追求自由平等的人們心中迴盪。他夢想讓美國成為包容各色人種的自由國家；成為一個不以皮膚的顏色，而是以品格的優

> 為了「人人生而平等」

劣作為評判標準的國家。但他也因此成為種族主義者的眼中釘，1968年4月4日，他在旅館的陽臺被一名種族分子開槍刺殺，擊中喉嚨，當場死亡。此後，有色人種仍不斷為爭取自由平等的權利而鬥爭。那時候的美國人斷不敢相信：40年後，他們將會迎來一位黑人總統。

2008年，歐巴馬，這匹幹練、自信、溫情、睿智的黑馬橫空出世，他掀起了美國社會新的浪潮，讓眾多生活在社會底層絕不參與政治的人們和從來不願意參與投票的年輕人，以及各有色人種都加入到這次美國總統大選的投票中來，從而為他自己贏得了最後的勝利。

歐巴馬成功當選為美國第44任總統，創下了成為美國歷史上第一位非洲裔總統的先河。他還創下了另一項先例——使一位奴隸的後裔成了美國的新「第一夫人」，這絕對是林肯年代和金年代無法想像的事情。形象陽光、活力十足的歐巴馬代表著美國未來的「希望」。

歐巴馬在競選獲勝後做了精采的演講。在演講中，他清醒地意識到當前艱鉅的挑戰，但是他充滿信心地說：「我們國家真正的力量並非來自我們武器的威力或財富的規模，而是來自我們理想的持久力量：民主、自由、機會和不屈的希望。」

世界不太平、人生不平等，這是全世界普遍存在的現

第二章　成大事者皆有超強自制力

象。「人人生而平等」——這是從林肯到金恩,再到歐巴馬一脈相承的信念。因為這些領袖擁有堅強的自制力,使得他們一生都在為實現「人人生而平等」不斷努力著,美國的種族歧視觀念也因他們的努力而得到改善。

自願的「囚徒」

自願的「囚徒」

提起百科全書，人們的感覺是卷帙浩繁，非一般人家能夠收藏得了，更非一般人能夠編輯。按傳統百科全書的規矩，那是提供了自己的學位證書，驗明瞭正身的知名學者才能從事的工作。

嚴謹而煩瑣的程序造就了英語的《大英百科全書》、《美國哥倫比亞百科全書》等的權威性。

然而，曾在美國芝加哥任期貨及期權交易員，後來成立一家成年人網站的吉米・威爾斯（Jimmy Wales）卻想挑戰這種權威，他想做一部史無前例的，用多種語言書寫的，能夠彙集全世界知識的，並為地球上的每一個人免費提供知識的百科全書。

這瘋狂的想法源於1999年10月20日，價值1,250美元的32卷本《大英百科全書》全部上網，供人們免費查詢與下載。

《大英百科全書》全部上網的新聞，經全球1,200多家媒體報導後，竟在一天之內惹來1,500萬的洶湧人流，令剛剛開通的網站頃刻間崩潰，兩個星期內都無法正常運轉。而且，由於各種原因，《大英百科全書》網路版的免費午餐沒有

第二章　成大事者皆有超強自制力

持續太久,兩年後,由於網路廣告發展艱難,《大英百科全書》不得不放棄「免費」的承諾,宣布向個人使用者收取60美元的年費。於是,建立一個真正「開放、免費」的網路百科全書的任務就落在了「維基百科」的身上。

起初,吉米·威爾斯對百科全書抱著敬畏之心,戰戰兢兢地按照傳統百科全書的規矩,列了知名學者的花名冊,設定了7道編校程式細細把關,每個編寫者還必須傳真自己的學位證書驗明正身,但時間很快證明了他們的不自量力——18個月的努力和25萬美元只換來了12個詞條。這次的失敗令吉米·威爾斯認識到像《大英百科全書》那樣的菁英路線顯然走不通,不久,他發現了Wiki——一個原始碼開放的合作軟體,也由此創造了一種新的百科全書生產模式。

Wiki一詞來源於夏威夷語中的「weekee weekee」,是「快點快點」的意思。在這裡Wiki指一種超文字系統。這種超文字系統支持面向社群的合作式寫作,人們可以在Web的基礎上對Wiki文字進行瀏覽、創建、更改。

維基百科全書,2001年1月15日正式成立,由維基媒體基金會負責維持,截至2008年4月4日,維基百科條目數第一的英文維基百科已有231萬個條目,而所有255種語言的版本共突破1,000萬個條目,總登記使用者也超越1,000萬人。在資訊量上,它已經是《大英百科全書》的好幾倍。

自願的「囚徒」

中文維基百科於 2002 年 10 月 24 日正式成立，截至 2024 年 10 月，中文維基百科已擁有 1,447,856 個條目，此外還設有其他獨立運作的中文方言版本，包括閩南語維基百科、粵語維基百科、文言文維基百科、吳語維基百科、閩東語維基百科及客家語維基百科等。

與《大英百科全書》每個詞條的權威性和完成時態相比，維基百科可以看成是一部活的、不斷演化的百科全書，它不僅自己組織編寫者，而且能夠自我修復。

瀏覽維基百科上一個詞條的歷史紀錄，可以發現一個詞條從最開始的簡陋粗糙狀態是如何經過一個個志願編輯者的加工，而逐漸完善的，而且它永遠沒有終結點。

2005 年 8 月 5 日，來自 50 多個國家的 400 多個維基人到法蘭克福參加維基百科大會。有一位記者登入維基百科，檢視了關於德國的詞條，修改了兩個錯別字，但令他懊惱的是，關於首次維基百科全球大會的資訊頁面上，前一天還有關於會議地點附近飯店的連結，第二天就已經被人刪除。開放的空間有利有弊 —— 人人可以編寫內容，一些人認為有用的資訊在另一些人眼中則有廣告嫌疑，也會被隨意刪除。

當媒體提到「維基百科」時，總免不了與《大英百科全書》比較一番。即使最保守的百科全書專家，也能感受到維基百科在短短 5 年時間內對傳統百科全書的衝擊。《大英百

第二章　成大事者皆有超強自制力

科全書》要當心的不僅是維基百科先天的「海納百川，有容乃大」，更在於這些民間編寫條目的品質提升之快。

但前《大英百科全書》主編麥克·亨利很不服氣，公開嘲諷維基百科猶如公共廁所，它看上去很髒，所以用的時候多加小心。或者它看起來很乾淨，令人產生錯誤的安全感，實際上人們不知道誰在前面用了這裡的設施。不過，維基百科的創始人威爾斯對此卻不以為然，雖然承認維基百科的內容品質良莠不一，但是威爾斯強調麥克·亨利忽視了維基背後一個強大的社群，他們是內容的監督者，是一支不倦的清潔隊。他說：「維基百科真正的創造意義在於：在知識交流的混亂中產生了有序的規則，凝聚了巨大的社群，一起來定義知識，監督過程。」

縱觀百科全書的歷史，大儒們個人英雄主義的佳話不少。亞里斯多德想憑一支筆記錄當時的全部知識；古羅馬學者普林尼憑一己之力完成了一部37卷的百科巨著《自然史》；西元18世紀，法國大學者狄德羅網羅了啟蒙時代184位學者專家以30年時間編印完成全世界第一套現代百科全書《科學藝術及專業知識百科全書》。而到了維基百科時代，傳統百科全書「專家書寫」的權力被下放到了每一個網路使用者身上。

曾經有人問吉米·威爾斯：你如何說服人們不只是從維基上獲取，而是對其有所貢獻？吉米·威爾斯回答：「愛。」

自願的「囚徒」

　　這樣的答案當然有矯情造作的嫌疑，但開放原始碼運動的確多受理想主義的指引，維基百科也不例外。網路上流傳多個版本的〈維基百科旅店〉(*Hotel Wikipedia*)，其中一句歌詞唱道：「我們都是這裡的囚徒，但我們是自願的。」這很能概括這些民間百科全書寫手深陷維基的心情，而之所以自願，正是「天下人共享知識」的烏托邦理想。

　　從失敗到成功，以及飛速發展，吉米・威爾斯以他的堅定的信念和頑強的自制力促成了一部偉大的全民書寫的百科全書。

第二章　成大事者皆有超強自制力

把自己培養成全才

一個 63 歲的老人，在 2008 年富比士中國富豪榜中，排名第 53 位的他並不顯眼，可是，2009 年春節過後他宣布捐出他個人股份的 70% 成立慈善基金——這將近 40 億人民幣的慷慨捐贈讓他受到廣泛的關注。據胡潤慈善榜統計，從 1983 年第一次捐款至今，這個人累計個人捐款已達 60 億元。他，就是馳名中外的福耀玻璃的董事長曹德旺。

凡汽車生產廠商沒有不知道福耀玻璃的。位於東南沿海福建福清的福耀是中國最大，全球第四大的汽車玻璃生產商。現在，德國奧迪、大眾，韓國現代、日本豐田用的汽車玻璃就是福耀的，而中國每三輛汽車中，有兩輛便安裝了福耀玻璃。

曹德旺說：「你說誰是全才？曹德旺是全才。我會做財務，做任何公司的財務總監都是一流的；我會做會計，懂得做會計核算的辦法，把報表拿過來給我，我便可以知道這裡誰在做什麼，我有這個水準；我懂生產，生產線上的每一道東西，我比他們還熟悉，因為是我自己設計的。」

是汽車玻璃給曹德旺帶來了巨大財富，讓他有底氣在捐款的時候一擲千金。如今，這位享受著鮮花、掌聲和光環的

把自己培養成全才

花甲老人,高調的言談中折射出他內心深深的自信。

然而,曹德旺的事業並非一帆風順,他也曾經遭遇過人生的滑鐵盧。那是1994年,曹德旺做汽車玻璃的第七個年頭,福耀玻璃就取代日本汽車玻璃,拿下了中國汽車維修市場六七成的占有率。但是,隨著福耀玻璃產量的快速成長,曹德旺卻遇到了企業發展的一個致命的難題。那時,他的企業每年生產20萬片的汽車玻璃,可配20萬輛車。但那時,中國的轎車每年才增加幾萬輛。福耀玻璃在中國市場受到嚴重的制約,同時,很多人看到他做得很賺錢,就也來做這個生意,這讓曹德旺感到壓力重重。殘酷的競爭迫使著曹德旺尋找新的出路,雄心勃勃的他把目光投向加拿大市場。

自信的曹德旺帶著幾萬塊玻璃趕赴加拿大後,很快就因為品質問題遭遇投訴,不僅玻璃被全部退回,他還付出了高達六七十萬美元的賠償。

從加拿大退回來的玻璃,在中國是可以銷售的,可是曹德旺認為:既然老外檢測不合格,我們也不能拿給中國人。幾萬塊玻璃,全部砸掉!心痛不已的他了解到自己和國外的差距,他需要高水準的人才,但那時候福耀是小企業,大學畢業生不來,國企退下來的則魚龍混雜。為了保證團隊的純潔,他決定自己去學,學完了回來教給員工。

當時已經50歲的曹德旺為了提升公司員工的素養走上了

第二章　成大事者皆有超強自制力

四處求學之旅。可是，人的精力是有限的，曹德旺不僅要自己學，還要手把手地教，一個企業的興衰全部寄託於一個人身上，這壓力太大。有一天，曹德旺終於忍受不了，他想出家去當和尚。

此時，一家創辦於1665年的法國知名公司聖戈班集團想在中國開拓市場，他們慕名找到曹德旺，商談合作事宜。國外資金和國際先進技術的注入，讓福耀玻璃獲得迅速發展。3年之後，曹德旺卻宣布，終止和聖戈班的合作。原因之一是和聖戈班在管理流程上發生衝突。

在聖戈班，每件事都要經過十幾二十個人討論通過，這是讓曹德旺無法忍受的，因為他覺得任何問題自己一個人就可以拍板。

另一個更大的原因是聖戈班只想把福耀作為其在中國的服務基地，不能向外發展，這與曹德旺把福耀定位為全球的汽車玻璃供應商的目標背道而馳。最後，曹德旺用4,000萬美元買斷聖戈班在福耀的所有股份，並與聖戈班約法三章，聖戈班在2004年7月1日前不得再進入中國市場，這就為福耀在5年內排除一個強大的競爭對手贏得發展的時間和空間。

曹德旺深知，要想真正在國際市場站穩腳，就不能僅僅限於國際汽修市場，還要進入汽車設計行業的最高層──參與新車型的設計，而要參與新車型的設計，就要有良好的汽

車玻璃的原材料。2001年開始，福耀開始著手生產原片玻璃的策劃。2004年福耀原片玻璃生產線浮法線歷經三年策劃、論證，正式投入安裝，而三條中的兩條就是21世紀全世界最先進的浮法玻璃生產線。此後，福耀工廠裡浮法生產線就成了不停歇的「印鈔機」，福耀的財富迅速累積著。與此同時，福耀的自主創新步伐也在有條不紊地進行著，在福耀集團的科學研究中心，匯集了從世界各地招募來的科學研究人員，他們正在為研製新型的汽車玻璃而孜孜探索。

2000年以後的汽車對玻璃的要求不僅停留在擋風遮雨的初級水準上，更要求功能化。他們自主研製、生產出諸如：有抬頭顯示功能的玻璃，就是把儀表盤的一些數字投影到玻璃表面，駕駛員不需要低頭就能看到汽車的駕駛情況；還有汽車防霧玻璃，可以防止冬天溫差大造成的汽車擋風玻璃上出現水霧造成的危險。

曹德旺帶領的福耀玻璃就是這樣靠著品質和創新迅速占領國際市場。可是，正當他的汽車玻璃向世界各地擴張的時候，2008年11月，曹德旺卻宣布停掉全國4條正在營利中的生產線。這個想法遭到所有股東的反對。

誰願意關掉4條「印鈔機」呢？曹德旺卻已經預計到金融危機將對他的企業產生影響，如果繼續大量生產，不久之後，肯定會賠得一塌糊塗。面對股東的反對，曹德旺下了死

第二章 成大事者皆有超強自制力

命令,終於關掉幾條生產線。煙囪雖然不冒煙了,但年逾花甲的曹德旺卻從容地等待經濟復甦的春天到來。

從商30年,曹德旺的成就足以令中國所有企業家側目。福耀玻璃拿下中國市場70%以上占有率,全球市場30%占有率,向賓利、BMW、賓士、奧迪、通用、豐田等世界八大汽車廠商供貨。2011年福耀玻璃占有率排名世界第二,2012年升到第一。

曹德旺是中國企業家中的異數。30年來,他專心在汽車玻璃一個領域,沒有做過房地產、網際網路、礦山,沒有做過股票、二級市場投資。即便是臨近退休,也沒有用自己龐大的資金,以及修煉成精的眼光和判斷力去做眼下最熱門的行業,為自己的百億身價繼續添磚加瓦。

絕對的專注與自制,使得曹德旺在汽車玻璃製造行業,將自己培養成「全才」,雖然很辛苦,但卻擁有足夠的自信與能力去將自己的事業做到完美。

第三章
聰明的人都懂得自制

第三章　聰明的人都懂得自制

自制力的基石：三思而後行

在中國，有一句俗話叫：三思而後行。是出自《論語‧公冶長》，是這麼說的：季文子三思而後行。子聞之曰：「再，斯可矣。」意思是：季文子每件事考慮多次才行動。孔子聽說這件事，說：「想兩次也就可以了。」

在美國心理學專家蘇珊‧塞格斯特龍（Suzanne Segerstrom）研究人的自制力之後，也提出：三思而後行。與中國傳統的說法有異曲同工之妙。

這位心理學家專門研究壓力、希望等精神狀態如何對身體產生影響。她發現，自制力和壓力一樣都是生理指標。當人需要自制的時候，大腦和身體內部會產生一系列相應的變化，幫助你抵抗誘惑、克服自我毀滅的衝動。她稱這些變化為「三思而後行」。

「三思而後行」的反應和緊迫反應有一處關鍵的區別：前者的起因是自己意識到了內在的衝突，而不是外在的威脅。你想做一件事（比如抽菸、吃大餐、工作時間傳 LINE 聊天），但你知道自己不該做，或者你知道自己應該做什麼（比如吃早餐、完成專案、去健身），但你寧願什麼都不做。這些內在的衝突是一種威脅，本能促使人做出潛在的錯誤決

> 自制力的基石：三思而後行

定。因此，需要保護自己，也就是需要「自制力」。最有效的做法就是先讓自己放慢速度，而不是給自己加速（比如緊迫反應）。

讓身體進入了更平靜的狀態，但不是完全按兵不動。它讓你避免衝動行事，給你提供更多的時間，讓你深思熟慮想辦法。

對「三思而後行」反應的最佳生理學測量指標是「心率變異度」，即心率的變化情況。在人們面臨壓力的時候，交感神經會讓自己心率升高，心率變異度降低；副交感神經會發揮主要作用，緩解壓力，控制衝動行為，從而心率降低，心率變異度升高。心率變異度能很好地反映自制力的程度，可以用它推測誰能抵抗住誘惑，誰會屈服於誘惑。心率變異度高的人能更好地集中注意力，避免及時行樂的想法，更好地應對壓力。

我們可以嘗試著透過呼吸實現自制。具體做法是：將呼吸頻率降低到每分鐘 4～6 次，也就是每次呼吸用 10～15 秒，比平時呼吸要慢一些，只要有足夠的耐心，加上必要的練習，這一點不難辦到。放慢呼吸有助於身心從壓力狀態調整到自制狀態。這樣訓練幾分鐘之後，就會感到平靜，冷靜面對壓力，思考自己該怎麼做，重新開始，迎接挑戰。

很多人做決定的時候根本意識不到自己為什麼做決定，

也沒有認真考慮這樣做的後果。不少人患有「選擇困難症」，該做決定的時候，自制力無法發揮作用，寄希望於從別人身上得到啟發，通常就會產生從眾心理，形成「羊群效應」。也就是說個人的觀念或行為由於真實的或想像的群體的影響或壓力，而向與多數人相一致的方向變化的現象。

自制力不足的情況下，人們會追隨大眾所同意的，將自己的意見預設否定，且不會主觀上思考事件的意義。無論意識到與否，群體觀點的影響足以動搖任何抱懷疑態度的人。群體力量很明顯使個人的理性判斷失去作用，從眾心理很容易導致盲從，而盲從往往會陷入騙局或遭到失敗。這就需要我們調動自制力，三思而後行。

認準方向就堅定不移地走下去

有段時間,中國乃至國際的各大媒體紛紛用「蛇吞象」、「中國農民擁抱歐洲公主」等令人咋舌的詞語,來形容一位中國人做的一件使天下人吃驚的事情——才經營十多年的中國民營低檔汽車企業「吉利」竟然以18億美元收購了世界級名車——瑞典坦克的100%股權。

這是中國民營企業在海外最大的一起知名企業收購案。吉利集團一舉成為中國,乃至全球汽車製造業的耀眼明星,這位導演「蛇吞象」的汽車狂人就是吉利董事長李書福。

李書福的人生波瀾起伏,充滿傳奇色彩。

他從不諱言自己貧困農民的出身,他說:「我是在浙江台州一個貧窮落後的山村長大的。」但是,他又說自己:「第一不怕苦,第二不怕窮,第三當然是喜歡致富了!」這樣的人生需求和性格決定了他敢闖敢拚,不按常理出牌,凡事想在他人前面,也走在他人前面,他能做別人不敢做,做不了,甚至不敢想的事,即使遇到全軍覆沒的挫折,也會很快振作起來,調整方向,重新上路。

他的生意是從1982年的照相開始的。當時,他19歲,

第三章　聰明的人都懂得自制

高中畢業，他父親給他 120 元（人民幣），他買了個小相機，騎個破腳踏車滿街替人照相。半年後，他賺到 1,000 元，正式開起了照相館。

一年以後，他邁出辦企業的第一步，他選的工程專案是別人做不了的：

他在洗相的過程中發現用一種藥水，經過它的浸泡，可以把廢棄物中的銀分離出來。他把分離提取出來的銀背到杭州出售，後來乾脆關了照相館，專門做這個買賣。

1984 年，他發現生產冰箱的零部件可以賺錢，於是就自己一個人生產，然後裝進包包裡，騎腳踏車把零部件送到冰箱廠。後來，李書福和其他幾個兄弟一起成立了冰箱配件廠，他出任廠長。工廠效益很好，但他不滿足只生產零部件，很快就做出了一個更大決定 —— 生產電冰箱。那時，電冰箱在中國是統一配售商品，不允許民營企業生產。但他決定冒險。

1986 年，李書福研發、生產出電冰箱關鍵零部件蒸發器後，組建了黃岩縣北極花電冰箱廠，生產北極花電冰箱。冰箱生產也大獲成功，還成為中國冰箱行業的名牌產品。1989 年，26 歲的他已經是一個千萬富翁。但 1989 年 6 月，中國電冰箱實行定點生產，他的冰箱廠沒能列入定點生產企業名單。

> 認準方向就堅定不移地走下去

於是,他離開「北極花」,懷揣上千萬元外出求學,此後,他分別在深圳、上海、哈爾濱三地的大學進修學習過,一個明顯的優勢是——他能說一口較流利的英語。

其實,現在中國冰箱行業的名牌——美的與科龍,當時同樣沒有上國家的定點目錄,但它們還是透過各種辦法堅持生產了。這可能對後來李書福雖然沒有取得轎車生產許可,卻堅持要透過各種辦法生產汽車是一個推動。在深圳求學期間,因為裝修宿舍,李書福發現一種進口裝修材料市場前景不錯。隨即返回浙江台州,聯合兄弟開始重新創業,生產這種材料。

裝修材料給李書福家族帶來了巨大的成功,直到現在,這份產業每年還有上億元的利潤。

李書福經商並不是沒有栽過跟頭,而且這個跟頭還很大,大到傷筋動骨。那是 1992 年,海南房地產熱潮正猛,李書福帶著數千萬元趕赴海南……結果,幾千萬全賠了,人都回不來了。還有一次,他發起一支以吉利命名的足球隊,但也以失敗告終。這兩次的失敗,給他最大的教訓就是:「我只能做實業。」

1997 年,在一片嘲笑和奚落聲中,李書福以「汽車有什麼了不起,不就是四個輪子、兩部沙發加一個鐵殼」的理解,進入被合資汽車廠商長期忽視的低端市場,以低價策略

第三章　聰明的人都懂得自制

將吉利打造成擁有 6 個汽車整車製造基地，年產 30 萬輛整車的自主汽車生產商。集團擁有吉利自由艦、吉利金剛、吉利遠景、上海華普、美人豹等八大系列 30 多個整車產品。所有產品全部通過國家的 3C 認證，並達到歐III排放標準，部分產品達到歐IV標準，吉利擁有產品的完全智慧財產權。

經過 10 年的超速發展，2007 年初，吉利遭遇到史上最大的危機：自 2006 年年底開始，小型及經濟型轎車銷售量開始明顯下降，2007 年上半年，引擎排量少於 1.0 升的小型轎車銷量比去年同期下跌近 30%──吉利賴以生存的「低價製造」開始失去市場。

意識到危機的李書福著手調整公司策略。2007 年 5 月，吉利宣布進入策略轉型，聲稱：「吉利將不再打價格戰。」吉利的宣傳口號由「造老百姓買得起的車」悄然變為「造最安全、最環保、最節能的好車」。他說：「造汽車其實很不簡單，不然世界上為什麼就剩下這幾家。」

作為起步才十幾年的中國民營汽車品牌，吉利想成長為汽車業的高階品牌，短期內是比較困難的。

為了實現自己的夢想，李書福經歷了撕心裂肺的骨肉決裂，將和兄弟一起打拚創辦的家族企業轉變為現代化企業，實行專業經理人制度。歷經兩年，建構起一支專業的汽車研發、經管團隊，開始了急速奔跑。

> 認準方向就堅定不移地走下去

　　一個千載難逢的歷史時刻伴隨全球金融危機而到來，在這場危機中，吉利獲益頗豐：從日本、歐洲引進了大量技術人才。因為僅靠自己培養，費時不說，水平也難以短時間提升；還從國外進口了許多以前花錢也買不到的設備，現在寧波新工廠的大部分設備都來自德國、日本。此外，吉利進行海外大抄底（指價格短時間內大幅下跌時買入），買下了生產英式計程車的英國錳銅公司的股份，再收購世界第二大變速箱大廠──澳洲 DSI 公司，以強化吉利的研發與生產能力。

　　最划算的買賣便數 18 億美元收購福特旗下的 Volvo，此購買價不到 10 年前福特購買 Volvo 價格的 1/3。

　　2010 年 3 月 28 日（週日），對於李書福來說，這是其一生中永遠值得銘刻的日子。這一天，他的手和福特汽車總裁兼執行長艾倫·穆拉利的手握在了一起；這一天，他帶領吉利將世界最安全的汽車品牌 Volvo 收入囊中；這一天，他站在世界汽車行業之巔，成為全球媒體關注和報導的對象；這一天，他被路透社稱之為中國的「亨利·福特」……

　　雖然不按常理出牌，但是縱觀李書福產業化的道路，是一步一步向上走的，這與他的眼光、預見、決斷和魄力是分不開的。

　　如果，用簡單的話來概括李書福這些年來的發展，應該是：敢為天下先，抓住機遇，認準了方向就堅定不移地走下去。

第三章 聰明的人都懂得自制

該出手時就出手，該放手時就放手

經濟危機，人人都怕遇上，但這卻是經濟社會所無法逃避的。有識之士都知道經濟危機中潛藏著機會，也知道成功抄底危機意味著未來前途光明，但是真正能做到的人不多，而在多次危機中都能抄底成功，使企業獲得發展的人更是鳳毛麟角。

從米店夥計到塑膠大王，被稱為「經營之神」的王永慶就是這樣一個抄底危機的傳奇人物。

王永慶一生遇到過無數次危機，他本人形成了一套度過危機的理論，他管它叫「瘦鵝理論」。

這個理論來源於二戰時候他的一次經歷。那時候，臺灣農村幾乎家家戶戶都飼養雞、鴨、鵝等家禽，用吃剩的食物和雜糧餵養。當時，臺灣是日本的殖民地，物資極端匱乏，人都吃不飽了，更沒有剩餘食物和雜糧可飼養家畜，只好讓牠們在野外覓食，因此，一般人家飼養的鵝總是瘦得皮包骨，每隻都只有兩斤重。

王永慶注意到當時農村採收高麗菜之後，都把菜根和外面一兩層的粗葉丟棄在菜園裡，而這些被丟棄的菜根和粗葉正是鵝的飼料。於是，王永慶僱人到菜園撿菜根和粗葉，再

> 該出手時就出手,該放手時就放手

向碾米廠買回廉價的碎米和稻殼,幾樣混合就製成絕佳的鵝飼料。

接著,王永慶向農家收購瘦鵝,農家見養不肥的瘦鵝竟有人收購,正是求之不得。王永慶把四處收購來的瘦鵝集中起來,用自製的飼料餵食。

兩個月之後,原本只有兩斤重的瘦鵝,重量高達七八斤。

這一段飼養瘦鵝的寶貴經驗,讓王永慶深深感悟到:在危機中,只要能撐得過去,生存下來,就有發展壯大的可能。

其實,在他更小的時候,就有解決危機的意識。王永慶家窮,15歲小學畢業後他就被家裡送到米店做學徒,做了一年半學徒,他回家跟父親借了200塊舊臺幣,到嘉義開一家米店。當時嘉義有30多家米店,各家都有自己的固定客戶,王永慶的米店開張後沒有客人來買米,這是他遇到的第一次危機。細心的王永慶觀察到,別家米店賣的米,裡面有沙子、小石子,他就決定把自家的米挑乾淨,讓人家買回家洗一下就可以煮。這樣,一下子就開啟了局面,培養了不少客戶。

但是由於戰爭的影響,糧食供應越來越緊張,他的米店開不下去了,只好關門。

在戰爭的危機中,他敏銳地發現了一個新的商機:第二

第三章 聰明的人都懂得自制

次世界大戰結束了，臺灣百廢待興，大興土木在所難免，於是他就做木材生意，這使他短時間之內掘到了人生的第一桶金，據說有新臺幣 5,000 萬元，這在當時是一個了不起的數目。

很快，進這行的人越來越多，王永慶立即收手，找別的專案。百廢待興的臺灣需要基礎的原材料和初級加工的產品。這個時候一個叫「PVC」的新名詞在島內盛行，王永慶注意到這個自己聞所未聞的新名詞，在他自己還沒有完全弄懂的時候，他就認為這是個了不起的商機。他詢問了很多專家，然後準備做這個專案。

王永慶先找朋友融資 50 萬美金，又得到美國援助 67 萬美金，建立了一個 PVC 廠，每個月產量 100 噸。照理說，臺灣島內完全能夠消化，但他的產品價錢比較貴，比進口 PVC 還貴，所以連 20 噸都沒賣上。這下，王永慶碰到人生一個非常大的危機，怎麼辦呢？他仔細分析原因，發現產量越大，每個單位產品的價格就越低，所以他決定擴大產量，這樣一來，跟他合作的人都不肯合作了。王永慶就變賣家產融資，1954 年成立了獨資的台灣塑膠工業股份有限公司。

1979 年，伊朗國王巴勒維被趕下臺，接著兩伊戰爭爆發，中東地區的石油出口大幅萎縮，一桶石油價格從 13 美金狂漲到 34 美金，又漲到 40 多美金，最高到了 50 美金，全球

該出手時就出手，該放手時就放手

爆發了第二次石油危機，美國國內依靠能源生存的一些企業日子很不好過。

在這次危機中，王永慶又看到了機會，他決定到美國抄底去。經過考察，1983年，他在德克薩斯州建了一個當時世界PVC產量最大的企業，解決了當地不少人的就業問題。1995年，德克薩斯州政府為了感謝王永慶，就把5月19號定為王永慶日，可以說王永慶到美國抄底大獲全勝。

王永慶抄底危機的例子很多，他的最後一次抄底是在2008年上半年。當時，快速發展的越南是一個對鋼鐵極度渴望的國家，從造船、機車，到大街上拔地而起的高樓，都在呼喚鋼鐵，但鐵礦儲量豐富的越南，一直以來都只是單純開採礦石出口，而沒有自己的鋼鐵工業。

而此時，台塑集團出現了大量的競爭對手——主要原料進口地中東有大批煉油、乙烯工廠在如火如荼地上馬。僅在沙烏地阿拉伯，就有近600座石化廠即將竣工——這相當於台塑產量的10倍。坐擁原料優勢的中東產油國，石化生產成本僅為東亞國家的三分之一，91歲高齡的王永慶意識到：

> 到海外資源產地尋求新的投資產業，是台塑的出路所在。

於是，在2008年上半年越南股市、樓市雙雙雪崩，部分外資撤出越南時，已多次赴越南實地考察的王永慶決心下

注。6月12日,越南政府給台塑在奇英縣的鍊鋼廠一期工程頒發投資執照。

據《經濟日報》報導,該鋼廠占地2,000公頃,相當於1/4個高雄市。台塑持有該專案95%的股份,臺灣達豐鋼鐵公司持股5%。台塑承諾,該工廠將引進世界最先進的煉鐵、煉鋼、軋鐵的技術及一貫化設備。一期工程投資80億美元,2011年完工,各式鋼品年產量達到750萬噸。如果最後的三期專案都得到批準,總產量將超過3,000萬噸,在亞洲僅次於中國的河北鋼鐵集團。

想在經濟危機中存活,並更好地發展,應增強自身的控制力,學習王永慶的把握時機的眼光和解決危機的智慧:該出手時就出手,該放手時就放手。

世界級大師，一輩子只做好一件事

　　始建於 1204 年，作為法國歷史最悠久的王宮，歷經了 700 多年擴建、重修，達到目前總占地面積（含草坪）45 公頃，建築物占地面積 4.8 公頃，全長 680 公尺規模的羅浮宮是法國人的驕傲。

　　然而，在 1980 年代初，這座世界上最大、最古老、最著名的氣勢宏偉的宮殿的大牆內卻是一座破敗不堪的博物館：燈光昏暗，地板骯髒，只有兩個衛生間，模板和鏡框上積著厚厚的灰塵，保全邋遢無禮……最糟糕的是羅浮宮讓人暈頭轉向。每年，到羅浮宮觀光的遊客有 370 萬人次，他們中的大部分人在羅浮宮周圍苦苦搜尋之後才找到其中一個狹小的、標誌模糊的入口（羅浮宮的一位管理人員說：遊客們提得最多的問題是：「我們是怎麼進來的？」）然後，他們在迷宮般的走廊裡漫無目的地行走，以求在 5.5 萬平方公尺的陳列面積，2.5 萬件珍貴的藏品中尋找到那三件鎮館之寶──「維納斯」雕像、「蒙娜麗莎」油畫和「勝利女神」石雕。最後，遊客們不是興高采烈，而是垂頭喪氣地離開。雖然，巴黎人認為羅浮宮是巴黎最重要的組成部分之一，但是他們很少冒險進入羅浮宮，參觀羅浮宮的遊客只有三分之一是法國

第三章 聰明的人都懂得自制

人,而這些法國人中只有十分之一是巴黎人。

1981年,密特朗總統上臺後著手實施一系列拖延已久的改革,在他的政府預算中,藝術方面的支出成長了一倍——他想實現法蘭西「新文藝復興」。這一年12月密特朗在愛麗舍宮會見了一位身材瘦削、說話溫文爾雅的男子。儘管這位男子已經64歲,但他渾身散發著活潑敏捷、精力充沛、熱情奔放的光芒。

這位男子就是貝聿銘(Ieoh Ming Pei),他是華人中在國際建築藝術領域唯一被承認擁有大師頭銜的人。貝聿銘彬彬有禮地婉拒密特朗就改造羅浮宮的盛情邀請,他解釋說,他的職業生涯已到晚期,他不再參與競爭(因為不久前的一次法國辦公樓建築群的設計方案競爭中他取得了勝利,可是最後這個專案卻落入一位在政府部門找對關係的法國建築師之手)。密特朗回答說:「我們還是靈活的。」後來,貝聿銘在不同場合一再禮貌地重複他對競爭的厭惡。

不久,密特朗就迫不及待地派特使到紐約直截了當地把這項工作交給了貝聿銘——這是法國唯一沒有透過競爭,直接授予建築師的大工程。而他不肯馬上接受,要求給他四個月時間看看能不能真正把這個專案做下來。

他沒有告訴任何人,只是帶著夫人,三次祕密到達巴黎,一連好幾天在羅浮宮周圍閒逛,苦苦思索如何把當代的

設計圖案移植應用到經典文物上。貝聿銘後來說，他是用他的母語——中文——思考設計圖案。

密特朗聘定貝聿銘一事在法國各地激起極大的反應，不滿之聲驟起，那些法國建築師不僅吃驚，甚至惱火，他們把貝聿銘看作是不請自來的插足者。

回到美國後，貝聿銘和他最信任的助手在他事務所的一間不對外開放的設計室裡，與世隔絕地設計了一組錯綜複雜、占地面積達 5 公頃的石灰岩地下室群體，其中包括寬敞的儲存空間、搬運藝術品的專用電車、一間配有 400 張座位的視聽室，一些資訊的會議室，還有一間書店和一家豪華亮麗的餐廳——所有這些都將安置在羅浮宮古老軀體的內部。

這個方案改變了遊客過去從這一頭走 1,000 步才能達到那一頭的辛勞，只需走 100 步就可沿著呈輻射狀向外散開的支線，探尋到在三個廂房裡展出的有清晰標誌的一批批收藏品。等到 165 間新陳列室 1993 年對外開放時，整修一新的羅浮宮成了世界上最大的博物館，7 萬件跨越諸世紀的藝術品重見天日，並得到了各自的位置。

貝聿銘設計方案的重心是建造一座在理論上每小時能夠容納 15,000 人，高度為 70 英尺的玻璃金字塔。

當這個富有創造性的設計方案發表後，抗議風潮如火如荼，席捲整個巴黎。貝聿銘後來回憶：審查機構「歷史文物

第三章　聰明的人都懂得自制

最高委員會」收到設計方案後,「他們一個接一個站出來指責這個專案,我的翻譯嚇得心慌意亂,渾身發抖。我出來為我的主張辯護時,她幾乎不能替我翻譯。」

幸運的是,這個委員會的主張和建議對政府不具約束力,密特朗無條件地對設計表示支持。但密特朗的推崇無法阻止巴黎人時不時出現一場傾巢而出的公開大辯論。對貝聿銘進行攻擊成了那段日子巴黎最為**轟轟**烈烈的要事,帶頭的是一群頭銜各異的歷史學家和政客,還有與此事毫不相干的自我命名的各種委員會。巴黎人不甘落後,以佩戴上面寫著「為什麼要造金字塔」字樣的圓形小徽章表示他們的不滿。走在街上,巴黎的女人們往貝聿銘的腳上吐唾沫。而無所不在的法國報紙則興高采烈地記錄下被他們稱為「金字塔戰役」的這場建築論爭的每一個新動態以諷刺挖苦貝聿銘。但貝聿銘鎮定自若,充滿信心,當法國建築師在記者招待會上對他群起而攻時,他鏗鏘有力地回擊了他們。他以著名的樂觀態度經受住了漫長職業生涯中最為艱鉅的考驗。法國的評論家說:「貝是高明的外交官,時時刻刻都表現得從容不迫,絲毫不為籠罩著他的異乎尋常的壓力所影響。」

貝聿銘彬彬有禮但毫不妥協,翩翩風度中不失剛毅堅定的意志,漸漸地,人們開始接受他的專案。

1988年7月3日,庭院和金字塔——羅浮宮嶄新面貌

的象徵——全部竣工，20,000多名趕流行的人士在里沃利街排隊，以期先睹為快。入口處的隊伍排了很長，繞著拿破崙庭院盤了兩圈。連嚴厲的建築評論家——英國王子查爾斯（今查爾斯三世）也喜歡上了它。

有一陣子，巴黎人對金字塔的狂熱崇拜使艾菲爾鐵塔黯然失色，金字塔成了巴黎特色的象徵。最具諷刺意義的是一開始就對貝聿銘百般攻擊的著名的《費加洛報》在頭版頭條位置聲明：「不管怎麼說，金字塔非常美麗。」後來，他們為慶祝雜誌增刊創辦10週年，邀請上千嘉賓參加了相關活動，而地點就在該報原先耗費無數筆墨大肆誹謗的羅浮宮玻璃金字塔內。

有足夠的信心堅持自己，即便在遇到令人難以承受的誹謗、嘲諷、挫折與坎坷的時候，意志依然能夠如磐石般堅毅。這，或許就是大師與普通人的區別。

第三章　聰明的人都懂得自制

「我集中精力，不左顧右盼」

2010 年 2 月 25 日，白宮東廳，美國總統歐巴馬為一位身著黑色鑲紅邊套裝的華裔女子披掛上紫綬帶的金質獎章——美國國家藝術獎章，表彰她作為建築師、藝術家、環保人士的卓著成就。這是美國官方給予藝術家的最高榮譽，而她是此次獲獎者中唯一的亞裔。

她是與貝聿銘齊名的國際建築大師林瓔（Maya Ying Lin），她的作品遍布美國各地，她曾被美國《生活》雜誌評為「20 世紀最重要的 100 位美國人」與「50 位美國未來的領袖」。

她是一個天才——雖然她的名字前面總是被人加上「林徽因的姪女」這幾個字作為字首，但這並不影響她的成就與偉大。

21 歲那年，她還在耶魯讀大四的時候，她設計的「越戰紀念碑」在 1,421 件角逐作品中脫穎而出，榮獲第一。

這份讓她出名的作品是她的一份課堂作業：這是一座低於地平線，倒 V 字形的碑體。黑色的、像兩面鏡子一樣的花崗岩牆體，如同一本開啟的書，又彷彿大地開裂，向兩面無限延伸，在到達地面處漸漸消失。它們的走向分別指向林肯

「我集中精力，不左顧右盼」

紀念堂和華盛頓紀念碑。這兩座象徵國家的紀念建築在天空的映襯下高聳而端莊，越戰紀念碑則匍匐著伸向大地，綿延又哀傷。

這一設計方案在問世之初，遭到了很多人的反對。一些越戰老兵認為：紀念碑本該拔地而起，而不是陷入地下，這份色調灰暗且樸實無華的設計方案是對戰死者的不敬。林瓔的華裔背景也被人拿來大做文章，並由藝術觀點差異上升到人身攻擊，乃至政治攻擊……

評委們重新審視 1,421 件作品，依然認定她的設計最出色，國家紀念碑評審委員會最後給的評語是：「它融入大地，而不刺穿天空的精神令我們感動！」支持的聲音壓倒了反對的聲音。1982 年 10 月，紀念碑建成。熠熠生輝的黑色大理石牆上，以每個人戰死的日期為序，鐫刻著美軍 57,000 多名 1959 年至 1975 年間在越南戰爭中陣亡者的名字。據說要三天才能從頭到尾看完所有的名字。一本陣亡將士名錄安放在起點的石桌上，他們的親友可以據此索引找到他，給他放上一朵鮮紅的康乃馨，或玫瑰，或美國國旗。如今，曾備受爭議的越戰紀念碑早已成為華盛頓最具觀賞性的場所之一，每年來此參觀的遊客達 400 萬之多。

除了越戰紀念碑外，林瓔的重要作品還有許多，其中之一是耶魯大學史特靈紀念圖書館出口處著名的「女生桌」：一

第三章　聰明的人都懂得自制

大片橢圓的黑色花崗岩的剖面，橢圓的中央有一個圓孔，水從螺旋上升的圓孔中不斷湧現，均勻地一波一紋地向整個桌面漫去，無聲無息，無休無止，亦水亦岸的剖面上，以波紋的走線，排列著耶魯自 1873 年以後女生的名字和數字。它無聲地告訴人們，在耶魯 300 餘年的歷史中，有近三分之二的時間裡沒有女生，而最早有幸進入耶魯的是兩名藝術系的女生。這橫如眼波的薄水就這樣清清淺淺、順順柔柔地潤化著女生入校時的數字和年代，一如女性的平和蘊藉。這是耶魯建築系華裔女生林瓔留給母校的禮物。

其實，在耶魯的前兩年裡，林瓔沒有選過任何一門建築學課，但當她最後認定這一專業時，她說：「我集中精力，不左顧右盼。我調整自己的課程，每週課程集中起來，然後我像其他那些不注意健康的建築系學生一樣通宵達旦地熬夜。」有一個學期，她沒去過一次圖書館，她只是專注於她的建築，從此以後，這就成為她的職業。

作為一個傑出人士，林瓔的天分一部分來自自己的家族，她是兩個非常有成就的家庭結合的後代。她的祖父林長民是一個學者、詩人、外交官。他的女兒林徽因，也就是林瓔的姑姑，後來嫁給了戊戌運動的領導人梁啟超的兒子梁思成。1920 年代時，這對夫婦於賓州大學學習，學成後返回中國，致力於記錄和儲存中國的建築遺產。夫婦倆都是著名的設計家。1947 年，梁思成參與設計紐約的聯合國總部。林瓔

> 「我集中精力，不左顧右盼」

的母親明慧，英文名茱麗亞，其父親是上海一個有名的眼科專家，畢業於賓州大學。茱麗亞的祖母和外婆都是醫生；其中一個還在約翰‧霍普金斯大學受過訓練。

在外人看來，林瓔的才情，正是和姑姑林徽因一脈相承。但實際上，林瓔不會說中文，直到 21 歲生日的時候，她才第一次聽到父親提到姑姑林徽因的名字，她才對自己的家世有所了解。據說，林瓔的父親曾經說過這樣一段話：林家的女人，每一位都個性倔強，果敢獨斷，才華橫溢而心想事成。

由此可見，林瓔成功更重要的因素是排除外來干擾，沉浸在自己精神世界中的專注。

在中學二、三年級時，她就開始做自己想做的事情，她至今仍然討厭別人用任何形式告訴她該怎麼去做，對任何事情，她都有自己的想法。從俄亥俄大學的普特南實驗中學畢業以後，她上了公立學校，成績一直是班上第一名。六年級之後，她沒有交過任何親密朋友；她從不化妝也不會參加正式舞會。她說：「我不知道為什麼，我從沒聽過披頭四的音樂。我似乎總是在自己的小世界裡，不理睬外面世界的存在。」

接下來，一切都順其自然，大量的榮譽和獎勵接踵而來，1984 年她獲得了美國建築方面的權威獎項 —— 美國建

第三章　聰明的人都懂得自制

築學院設計獎，隨後又獲得了總統設計獎。

1987 年，林瓔獲耶魯大學博士學位，她是耶魯大學有史以來獲得該項學位的人中最年輕的一個。她被美國雜誌評為「20 世紀最重要的 100 位美國人」之一。2002 年以絕大多數選票當選為耶魯大學校董。

林瓔的人生證明了一個永恆的道理：真正的成功沒有捷徑可走。如果將成功比作是一棟美麗的大宅子，那麼家學淵源只是打下了一個好根基，而個人的自制專注、勤奮努力才能為這座建築物添磚加瓦。

兩次對微軟說「NO」的人

2005 年開始,中國一家規模 2 億美元的軟體公司對規模 500 億美元的世界軟體老大——「微軟」伸出來的收購、投資之手,兩次說「NO」,而大名鼎鼎的「微軟」卻用極大的耐心等待著……

兩年後,2007 年 11 月 6 日,美國微軟公司 CEO 巴爾默搭乘自己的私人飛機抵達北京,與這家公司的董事長會面,雙方進行了一次中國本土最大的管理軟體公司與全球最大的軟體公司之間的最具分量的對話……終於,兩家公司的手握到了一起。

這家很「狂」的公司便是中國早期的財務軟體老大,後來管理軟體行業的領頭羊——「用友」公司。

這家「狂」公司的「狂」董事長就是王文京。他出生在江西上饒一個貧困的小山村。1988 年偷偷跑去聽北京展覽館舉辦的一次會議後,不久便註冊了這家稱為服務社的公司——北京市海淀區雙榆樹「用友」財務軟件服務社。

那時候,工商部門經常召集個體工商家開會,一大屋子人,什麼行業都有,賣服裝的,賣電子錶、電器的,還有修鞋的、修腳踏車的,大家在一起開會,王文京的感覺特別

第三章　聰明的人都懂得自制

好。因為他覺得這些人都很有能耐，憑自己的知識、能力，去勞動、去生存、去發展。

「用友」公司成立一兩年以後，顯示出很好的發展前景，一家國營單位相中了他，想讓他去掛靠（指機構或組織從屬或依附於另一個機構或組織），他委婉地拒絕了。

當時的中關村一大批民營科技公司已經成立，聞名中外的中關村電子一條街初步形成，北京高新技術產業開發試驗區也成立了。這裡大部分公司都將目光投向電腦硬體，而王文京卻另闢蹊徑，涉足少人問津的領域——財務軟體！

當時做軟體比硬體艱難得多，因為那時軟體都是隨硬體被免費送出去，有的人甚至還沒有聽說過「軟體」這個詞。

但是王文京發現中國很多企事業單位的財會工作方式很原始，就靠手工和算盤，隨著電腦的出現，他們有變革的需求，他覺得應該有專業的公司提供會計軟體、財務軟體。另外，在中關村，買賣電腦已經有大批公司在做，他們再做已沒有什麼優勢。

很快，王文京對市場的判斷就得到了印證。1989年12月9日中國財政部下發《會計核算軟體管理的幾項規定》，這項試行規定允許不同所有制的公司提供商品化的財務軟體，這種推進市場化的做法為當時的「用友」提供了機會。

1980年代末，他們賣了一套軟體給國旅總社，獲得

> 兩次對微軟說「NO」的人

7,000 塊錢（人民幣），大家都非常高興。這 7,000 塊在那個時候講就相當於今天七百萬的單子。

在一間只有 9 平方公尺的小房間裡，王文京定下了 10 年後要達到 3,000 萬的規劃。此外，他還為「用友」定了一個更大的使命目標──發展民族軟體產業，推進中國管理現代化。1995 年「用友」提前實現了 3,000 萬銷售額的目標，1997 年「用友」的營業額已經超過了 1 億元，2007 年「用友」的年銷售額更是超過了 13 億，那個使命目標也在一步一步地實現了。

為什麼要定下這個使命目標呢？那是在「用友」軟體形勢一片大好的 1996 年夏天，王文京去東莞，一位經銷商告訴他一個令人震驚的消息：東莞的財務軟體越來越不好賣了。因為東莞是改革前端，所以，王文京敏銳地捕捉到危機。儘管此時「用友」在財務軟體市場還處於成長期，市場占有率遙遙領先，但他卻做出了一個大膽的決斷：派公司相關人員做專案調查，然後決定從財務軟體向 ERP、新企業管理軟體轉型。

「用友」自主研發一款企業管理軟體，歷時 3 年，耗資上億，期間還經歷了幾次員工集體跳槽的情況，產品上市後甚至出現了持續 7 年都呈虧損狀態的狀況。當周圍的人多次建議放棄這款產品時，王文京卻始終沒有動搖。而正是這次轉

第三章　聰明的人都懂得自制

型,使得「用友」從全國財務軟體市場的老大,又一躍成為中國管理軟體行業的領跑者。

2000 年,那麼一批只有財務軟體、沒有別的管理軟體的公司最後存活不下去了,有的倒閉,有的轉行,有的被「用友」收購。2002 年,「用友」成為中國 ERP 管理軟體市場的第一。

2007 年 3 月 22 日,用友軟體園正式開園。這裡是亞洲乃至亞太地區最大的管理軟體產業基地 —— 用友軟體園,規劃總面積達到了 40 萬平方公尺,能容納 1.2 萬人同時辦公。在這個軟體園裡,王文京正編織著他的世界級軟體企業的夢想。

專注地做一件事,才能夠集中所有精力,對事情做出準確判斷,才能把握機會,調整節奏,不斷前進。

第四章
正確對待自己所擁有的一切

第四章　正確對待自己所擁有的一切

讓自制成為一種習慣

教育和人生經歷讓我們知道自制力的重要。但生活中，我們常常被壓力壓制，被本能控制，而忘記自制力。

「南橘北枳」、「近朱者赤近墨者黑」，這兩個成語告訴我們一個道理：你有什麼樣的交友圈，就可能有什麼樣的選擇和未來。因為身邊人是最容易對我們產生感染力的，從而改變我們的行為，我們也會對別人產生感染力，從而改變他人的行為。

比如：現在家長都想方設法把自己孩子送進好學校，也由此催生了「學區房」問題，究其根源，家長們或有親身經歷，或有一定認知，認為在好學校能接觸到更多好老師、好同學，對自己的孩子比較容易產生良好的影響，而在一般學校，自制力還比較弱的孩子就可能受到不好的影響，進而影響他的一生。事實也是如此，在一些明星高中錄取率較高的私立國中，同班同學都是力爭上游，受到影響，自己的孩子必然也要努力上進，考上理想的學校。

這是正能量的影響力，而負能量也有影響力。比如：中學禁止學生騎車上學，但是總有學生偷偷摸摸騎去，而原本

> 讓自制成為一種習慣

看到禁令不打算騎的同學看騎的同學不僅沒有受到處罰,還有各種方便,而且還很「酷炫」,於是不顧危險跟風。再比如:道路旁沒有停車格,不能隨便停車,我們明知亂停車是違規的,但偏有司機把車隨便停在路邊,其他司機看到了,也跟著停,馬上會停一長串,如果沒有警察抄車牌、貼罰單,很快這個地方就自動變成「停車場」。

由此可見,我們很容易感染別人的目標,從而改變自己的行為,會把草率的行為當作目標。

壓力也會讓我們失去自制力。

當我們沒有太大壓力時,我們知道抽菸酗酒、暴飲暴食、拖延症等的惡果。我們有意志去控制自己,以避免菸酒過度和過分增重危害健康,避免拖延影響工作和生活。但在壓力下,比如:失戀,或者被炒魷魚導致情緒崩潰,我們就會把原先加以提防的事情忘得一乾二淨——壓力把我們引向了錯誤的方向,讓我們失去了理性,被本能支配。當拖延患者想到自己已經遠遠落後於進度的時候,他們會萬分焦慮,這反而讓他們繼續拖延下去,不去面對落後於進度的事實。但當我們的壓力漸漸緩解,我們便會看到自己因缺乏自制力造成的損害。

當遇到壓力時,我們該怎麼減壓呢?美國心理學家協會的調查發現,最有效的減壓方法包括:鍛鍊或參加體育活動,

第四章　正確對待自己所擁有的一切

祈禱或參加宗教活動，閱讀，聽音樂，與家人朋友相處，按摩，外出散步，旅遊，冥想或做體操，培養有創意的愛好；最沒效果的方法是：購物、賭博、抽菸、喝酒、上網、追劇、玩遊戲、暴飲暴食……

時刻提醒自己：做一個正能量的人，多與正能量的人來往，看到錯誤的行為不要仿效，避免更大的傷害和損失。如果自己沒有自制力，就可能因為犯錯而被別人控制。自制力不夠的人需透過一些方法鍛鍊自己的自制力，達到令自己滿意的程度。

通往成功的「獨木橋」

　　鄭淵潔是中國實力派作家。每年中國作家富豪榜中，鄭淵潔這位「童話大王」都已 1,000 萬以上的版稅收入穩居排名前列。他的《皮皮魯總動員》在中國圖書銷售排行榜上擊敗了長期霸占首位的《哈利波特》。那麼，這位影響了兩三代中國兒童的「老頑童」是如何開始他的創作之路的呢？

　　鄭淵潔寫作文是從小學二年級開始的，有一次作文的題目是〈我的理想……〉，當時人們的觀念是：一個人要想有出息，就得從小立下遠大志向。一般同學寫的是長大當科學家、工程師、老師……就他寫了個〈我想當一名淘糞工〉。幾個星期後的一天，上課時，老師把他叫上講臺，當著全班同學的面說：「你的那篇文章很特別，我把它推薦到校刊上，發表了。現在，你可以免費領兩本，其他同學交一毛八買一本。」這件事給了鄭淵潔極大的鼓舞，讓他覺得自己是世界上作文寫得最好的人。

　　受電視臺訪問時，主持人曾問他：為什麼要寫這樣一篇作文？他說，當時就想嘗試一下和別人不一樣。至於為什麼要別出心裁，他說，這要感謝他的媽媽。他媽媽不太會講故事，但有一個故事是經常對他講的：一天，森林裡發洪水，

第四章　正確對待自己所擁有的一切

大家要跑到對岸安全的山上。河上只有兩座橋,一座堅固的大橋和一座獨木橋。除了一隻山羊選擇走獨木橋,其他動物都擠到那座大橋上。大橋不堪重負,倒塌了,而選擇走獨木橋的山羊存活了下來。這個故事告訴他,要成就一番事業,一定要與眾不同,這成為他一生的指引。

在他讀三年級的時候,老師出一道作文題目:〈早起的鳥兒有蟲吃〉,主題是要催人奮進。而他卻一定要將題目改為〈早起的蟲子被鳥吃〉,這在現代的教學眼光來看是逆向思維,無可厚非,那次,他的作文非但沒有得到表揚,還被老師狠狠懲罰了一頓,氣憤不過的他在課堂上發洩了自己的滿腔怒火,他也因此被趕出了校園,再也沒有去上學。後來他為此事真心地向老師道了歉,但他特立獨行、勇於創新的文風從此變得更加沒有約束。

1977 年中國恢復高考,周圍的同學都去考大學了,他也想去。但他媽媽反對,理由還是 —— 要走自己的「獨木橋」!

1984 年,他的童話創作已漸入佳境。他的一個朋友告訴他,某某雜誌因為登了他的作品而銷量激增,他打電話去想請雜誌社增加稿費。但雜誌社回絕了他 ——「鄭淵潔你憑什麼說我們雜誌的銷量增加是因為你的文章?」是啊,一本雜誌的文章那麼多,作者那麼多,憑什麼是他鄭淵潔的作品讓

> 通往成功的「獨木橋」

銷量增加的呢？要證明這一點只有一種辦法，就是辦一本只有他一個作者的雜誌！他回家查了不少材料，證實古今中外雜誌都是由多位作者撰寫的，從來沒有唯一作者的雜誌。換了別人，可能以為這條路被封死了，但他卻覺得，自己要找的「獨木橋」終於出現了！

1985 年，專門刊登鄭淵潔作品的《童話大王》雜誌創刊，他一口氣簽約 30 年，獨自一個人為這本雜誌撰稿！小朋友要讀皮皮魯、魯西西、舒克和貝塔的故事就一定要訂閱這份雜誌。《童話大王》創辦 20 年來在海內外影響頗大，是中國發行量最大的純文學月刊，月發行量最高時逾百萬。

堅固的大橋平坦、好走，誰都願意走，但是喜歡走的人多了也就擁擠了，看不清前路，甚至有倒塌的危險，當堅固的大橋上人滿為患的時候，另闢蹊徑，走他人所沒想到、不敢走的「獨木橋」，或許，成功就在獨木橋的彼岸。

第四章　正確對待自己所擁有的一切

缺乏安全感的掌舵人
把握著前進的方向

馬雲——一個普通的名字,一個不普通的人。

他率領他的阿里巴巴營運團隊匯聚了來自全球 220 個國家和地區的 1,000 多萬註冊網商,每天提供超過 810 萬條商業資訊,成為全球國際貿易領域最大、最活躍的網上市場和商人社區。

他創立的阿里巴巴被國內外媒體、矽谷和國外風險投資家譽為與 Yahoo、Amazon、eBay、AOL 比肩的五大網際網路商務流派代表之一。它的成立推動了中國商業信用的建立,在激烈的國際競爭中為中小企業創造了無限機會,實現了「讓天下沒有難做的生意」。

他創辦的個人拍賣網站——淘寶網,成功走出了一條中國本土化的獨特道路,從 2005 年第一季度開始成為亞洲最大的個人拍賣網站。

他是中國大陸第一位登上美國權威財經雜誌《富比士》封面的企業家;2002 年 5 月,成為日本最大財經雜誌《日經》的封面人物;2000 年 10 月,被「世界經濟論壇」評為 2001

> 缺乏安全感的掌舵人把握著前進的方向

年全球100位「未來領袖」之一;美國亞洲商業協會評選他為2001年度「商業領袖」;2004年12月,榮獲CCTV十大年度經濟人物獎⋯⋯

他建立的阿里巴巴兩次被美國的《富比士》雜誌選為全球最佳B2B站點之一,多次被相關機構評為全球最受歡迎的B2B網站、中國商務類優秀網站、中國百家優秀網站、中國最佳貿易網⋯⋯阿里巴巴成立至今,全球十幾種語言400多家著名新聞傳媒對阿里巴巴的追蹤報導從未間斷,被傳媒界譽為「真正的世界級品牌」。

馬雲頭上的光環太多太多,他的成功已經巨大到使他幾乎被「神」化。那麼,他的成功靠的是什麼?

1.「現在,公司進入最危急狀態!」

作為一個企業的領導者,馬雲有著天生敏銳的嗅覺,他能夠比別人預先感覺到「冬天」(金融危機、網際網路泡沫等)的到來。

第一次他宣布公司進入高危狀態是在2000年,那是網路發展最美好的時代,IT業的從業者個個胸懷美夢、志存高遠。

2000年9月10日——馬雲的36歲生日這天,他的忘年之交,74歲的金庸作為阿里巴巴第一屆「西湖論劍」的主

第四章　正確對待自己所擁有的一切

角應邀來到杭州的西子湖畔。四位配角是：網易 CEO 丁磊、北京時代珠峰科技有限公司（My8848 網）董事長王峻濤、搜狐董事局主席兼 CEO 張朝陽、新浪總裁兼 CEO 王志東。金庸的到來，令上百位媒體記者聞風而至。這對於此前一直沒有什麼名氣，連 IT 記者都因為擔心自己寫的是一個神奇故事而不敢進行宣傳報導的阿里巴巴而言，是一次知名度放量的良機。

然而，就在以「新千年、新經濟、新網俠」為主題的西湖論劍剛剛令阿里巴巴人激動沒幾天，馬雲就宣布 —— 公司進入高危狀態！大家都非常吃驚。這是因為馬雲沒有被一時的風光沖昏了頭腦，他清楚地意識到 IT 行業人人嚮往的國際化對阿里巴巴來說，只是一場美夢，像「雲霄飛車」一樣接近失控，他必須把這輛車煞住。

當時，阿里巴巴做國際網站的主要目的是幫助中國企業出口。要出口，海外必須有買家，如果沒有買家，這個出口就是假的。那時候，馬雲在歐洲和美國做推廣，做了很多演講，效果不佳，最慘的一次演講是 2000 年，在德國，1,500 個座位上只坐了 3 個人。阿里巴巴內部的聲音開始變得雜亂，要求公司轉型的呼聲也此起彼伏。於是，馬雲將海外的那些擴張得太迅速卻沒有什麼作用的機構關閉，這給他帶來痛苦，讓他感覺自己成了不誠信的中國人。

> 缺乏安全感的掌舵人把握著前進的方向

第二次他宣布公司進入高危狀態是在2007年11月6日，這一天被稱為「阿里日」——阿里巴巴網路有限公司在香港上市了。

當天，阿里巴巴就以260億美元的市值一躍成為中國第一網際網路公司，並創造了凍結資金第一、當天漲幅第一、香港股市市值最大的網路股等多項紀錄。

那時，在阿里巴巴，人人都在享受「財富盛宴」，一天之間，4,900名員工成了百萬富翁、千萬富翁、億萬富翁。

但是，就在酒酣、飯香、言歡、意濃之際，17位創始人卻突然被馬雲召集到了一個相對安靜的房間裡。

「現在，公司進入最危急狀態！」馬雲宣布。他比別人提早看到了危機的到來，這意味著阿里巴巴要依靠上市當天融到的鉅額資金，來支撐一個漫長而寒冷的冬天。

2. 天生敏銳的嗅覺

馬雲總是在大家都沉浸在成功的幸福迷霧中時，宣布公司進入最危急狀態。

有人認為這是因為馬雲天生缺乏安全感，所以，在創業及經營中，一點風吹草動都會讓他不安。

在早期即追隨馬雲並曾做過其助理的金建杭看來，馬雲

儘管沒做到「讀萬卷書」（他只喜歡讀金庸的武俠小說），但卻做到了「行萬里路」。遊走於全球的馬雲，經常接觸的都是世界頂尖的人物，從他們那裡，他獲得別人無法獲取的資訊，以及對未來經濟發展形勢的判斷。

馬雲對「紅頂商人」胡雪巖也頗為推崇。胡雪巖曾說過，「如果你了解一個縣的情況就可以做一個縣的生意；了解一個省的情況就可以做一個省的生意；了解天下的情況就可以做天下的生意。」這讓馬雲一直銘記在心。所以，他努力使自己具備「了解天下」的能力，在視野上要「看全球」。

3. 一個接一個的「貴人」

在創業幾個月後，最困難的日子來臨了。大家湊的 50 萬（人民幣），本打算堅持 10 個月，但沒過幾個月，就一分不剩了。於是，創業者們不得不熬過了兩個月沒錢、沒盼頭的日子。甚至叫車，都不敢叫桑塔納，只敢坐夏利。

在這樣的境況下，馬雲居然還拒絕了 38 個投資商。理由很簡單，那些投資太過短視或功利，甚至要直接干預經營。

幸運的是，在華爾街混跡多年的瑞典銀瑞達集團（Investor AB）副總裁、職業投資家蔡崇信在 1999 年 10 月正式加盟，讓阿里巴巴的「資金飢渴」得到緩解。

蔡崇信是擁有耶魯大學經濟學及東亞研究學士學位、耶

> 缺乏安全感的掌舵人把握著前進的方向

魯法學院法學博士學位的臺灣人，他和馬雲見面後，做了一個看似瘋狂的決定——放棄 70 萬美元年薪和國際投資公司的穩定工作，加盟阿里巴巴，拿 500 元的月薪。

蔡崇信的到來，讓阿里巴巴從一出生就逐漸正規化、國際化。

馬雲事業上的第二個貴人是孫正義。軟銀集團（SoftBank）董事長孫正義是國際知名的「電子時代大帝」（美國《商業週刊》語），他還有一個中國式的封號——「網路投資皇帝」。

孫正義 23 歲時創立了軟體銀行公司，業績高居日本首位。1995 年，他看準了網路產業，投資雅虎。3.55 億美元的投入，不僅催生了世界頭號網路公司，還讓軟銀擁有的雅虎公司股份的市值在 4 年後達到了 84 億美元。

那些來尋求投資的網際網路公司聲勢浩大，穿著如香港電影裡的人物的 CEO 帶領著 CFO，三四個人一起進去的，而阿里巴巴卻是馬雲一個人孤零零地走進去。但是，他只花了 6 分鐘就搞定了孫正義。

然而，當孫正義問馬雲需要多少錢時，馬雲竟回答：「我們不缺錢。」正是這欲擒故縱的一招把孫正義牢牢地綁住。孫正義派人考察過阿里巴巴後，他答應了馬雲的一些條件，比如：親自擔任阿里巴巴的顧問，有一些投資是孫正義自己

第四章　正確對待自己所擁有的一切

的錢（而非簡單的公司行為）。孫甚至還表態說：「我們要把阿里巴巴培育成世界上第二個雅虎。」

當然，馬雲也沒有讓他失望，孫正義退出時，獲得超過 70 倍的報酬。

2001 年，中國網際網路的普及運動已經達到巔峰，但「網際網路的冬天」說來就來，以王志東結束新浪網 CEO 生涯為代表的一批早期的「網際網路英雄」開始謝幕。

此時，阿里巴巴的帳上只剩下了 700 萬美元。最要命的是，馬雲和他的阿里巴巴沒找到一條賺錢的門路。往日闊綽的投資家們，也在 2000 年 4 月那斯達克網路股的泡沫破滅之後露出愛財逐利的真面目。

禍不單行，在阿里巴巴遭遇資金難題的時候，內部的謠言、外界的質疑蜂擁而至。第三個貴人──關明生，就是在這樣的時刻加盟阿里巴巴的。

這個喜歡引經據典、言辭風趣、曾在美國奇異工作了 15 年的香港人，是阿里巴巴早期的「鐵血宰相」，是鼎力幫助馬雲度過網際網路「冰河季」的重要人物之一；他還將馬雲想到但做不到的團隊文化、價值觀發揮到極致，並將自己在跨國公司摸索、累積若干年的管理思想精華融合進來，打造出一種獨特而又魅力十足的「阿里文化」。

一個曾在阿里巴巴工作過的人，後來在網路上寫過一篇

> 缺乏安全感的掌舵人把握著前進的方向

匿名文章,對關明生推崇備至:「在原COO關明生在任期間,這個從美國通用公司(奇異)出來的可敬老人極力推崇價值觀,公司裡的每個人不僅要對九大價值觀倒背如流,而且也要在工作當中身體力行,並作為KPI考核中的重要部分,哪怕你工作業績再好,但無法認同公司的價值觀,那對不起,請立刻走人!那時的阿里巴巴,人和人之間的關係非常融洽,公司上下充盈著一種團結祥和、奮發向上的氣氛,並深深影響著後面進來的新人。」

4. 路在何方

1999年2月20日,馬雲在杭州西湖的一所普通住宅裡,召開了第一次員工大會。當馬雲和盤托出他的B2B構想時,引起了一些爭論。當時,中國眾多的中小企業如果想做外貿,可選擇的管道只有廣交會。馬雲想做一個BBS(線上論壇),讓那些中小企業在同一個網路平臺上釋出資訊,以促成買賣雙方的交易。反對者則認為,應該效仿雅虎和聲名漸起的新浪,做一個入口網站,理由也很充分,大家都去做,證明大家都看好。但最終,馬雲的逆向思維發揮了作用:「大部分人看好的東西,你不要去搞了,已經輪不到你了!」

當阿里巴巴成功以後,幾年來,在全世界起碼有上千家企業宣稱自己和阿里巴巴提供同樣的服務,不少企業甚至揚

言將要取代阿里巴巴。而模仿阿里巴巴的企業大有人在，不少企業甚至直接複製阿里巴巴的產品，連「如有問題，請與阿里巴巴聯絡」、「發生訴訟，由杭州市中級人民法院管轄」這樣的服務條款都屢次出現在這些模仿者的產品服務條款中。

那麼，馬雲是怎樣看待這些跟風者、模仿者、挑戰者？

「像我者死，學我者生。」馬雲用齊白石的這句名言告誡後來者。馬雲解釋，交易平臺最關鍵就是人氣、訂單，阿里巴巴累積了數百萬的使用者，建立了全球範圍的採購體系，後來者打出相同的牌子既不理智，也不現實，「就是馬雲自己出來，也沒法再辦出一家新的阿里巴巴來了！」「好好研究一下成功企業的經營理念，尋找市場還缺少什麼，和現有的大企業形成互補，走出自己的一條路子。」馬雲認為，這才是一條「生路」。

「吝嗇」的超級巨星

遺產，是把雙刃劍，中西方富豪們對遺產的處理方式不盡相同。同是美國富豪，國際投資大師羅傑斯曾說：「假如中國 A 股真的進入熊市，會是好消息，我會買更多留給女兒，希望她們能成大富翁。」富甲天下的比爾蓋茲在倫敦慶祝自己 50 歲生日的時候，則對在場的記者表示：名下的鉅額財富對他個人而言，不僅是巨大的權利，也是巨大的義務，他準備把這些財富全部捐獻給社會，用於資助貧困國家的衛生與教育事業。

在亞洲老富豪們正忙於如何轉移資產給兒孫，以規避遺產稅的今天，香港也有這麼一位富人，他出席廣東旅遊文化節開幕式接受採訪時表示：「這輩子要做到生不帶來，死不帶去。」要在死的那天做到銀行裡零庫存、零存款。他認為，唯一的兒子要有本事的話就不需要他的錢，如果沒本事的話，他寧願捐掉，也不願意讓兒子敗掉。這個人便是以節儉著稱的娛樂圈「大哥」成龍。

據媒體報導，貴為超級巨星的他日進斗金，除去已經捐給慈善事業之外，還有 20 多億的財產。但是生活中的他也沒有什麼名牌的包裝，常常是一套牛仔服或一身唐裝。他住豪

第四章　正確對待自己所擁有的一切

華飯店,卻嫌飯店洗衣費太貴,竟然每晚自己動手洗內褲和襪子。各地記者去外景地探訪時,他的浴室一定是熱門觀光景點,因為浴室裡晾滿了他的內褲。

他告訴《洛杉磯時報》的記者:「我住比佛利山飯店的時候,只用過飯店的香皂一兩次。我會用浴帽把用剩的香皂包起來帶走,在旅途中繼續使用。」儘管連續幾年蟬聯港臺明星收入的冠軍,但他在拍戲時卻會叮囑劇組的成員:「在洗手間『大號』,衛生紙不要兩張疊起來用,要用單張。」

成龍的節儉也給同行者帶來壓力。比如:和他同桌吃飯,如果點的餐沒吃完,可是會被碎唸。每年金馬獎的慶功宴,他都選在同一家餐廳舉行,他有時會拿起一碗很小的擔仔麵說,自己吃不完一碗,想和別人分一碗。搞得很多人受不了,都喜歡先在他這桌聽他說話,然後再到別桌吃飯。拍戲吃便當,他要求大家吃不完的便當不能隨便丟,打包帶走,加工後又是一餐飯。令人印象深刻而又跌破眼鏡的是拍《警察故事3──超級警察》時,有天晚上外景隊特別宴請前來採訪的記者和各地嘉賓,成龍忙著穿梭在各桌間聊天打招呼。侍者從一桌上撤下空盤,盤子上還漂著幾片菜葉,眼尖的他立刻把盤子接過來,一一挑起菜葉吃了,再把空盤交給服務生拿走。

與很多慈善家一樣,成龍對自己「小氣」的同時,在慈善

「吝嗇」的超級巨星

事業方面卻出手大方。

汶川地震後不久，江湖地位顯赫的他振臂一呼，聯合香港娛樂圈大老、英皇娛樂老闆楊受成捐款 1,000 萬元，拉開明星賑災序幕。

除了慈善捐款，他還積極投身各種公益活動。長期以來，拍片之餘，他參與眾多的慈善演出，拍賣私人物品，奔波於全國各地捐建「龍子心」希望中小學，到敬老院探訪老人，探望貧困學生⋯⋯

他從身邊做起，從約束自己做起的環保讓人有口皆碑。在他的部落格裡，他這樣寫：我覺得每一個人都有責任去保護環境，保護我們的地球。如果我們連乾淨的水、安全的食品都吃不上了，那我們創造再多的財富都是沒有用的。記得前幾年我參加了中國環境文化節的晚會，還有綠色中國築長城活動等等，我覺得用我的影響力去感召人們切身地投入到環境保護中去是很有意義的事情。我的劇組每一次喝的礦泉水瓶我們都會放到垃圾分類箱裡；我們到一個地方去拍戲都會注意清理垃圾、保護當地的環境；我們出去都盡量少開車，這些小事情都是環保的表現。

在他的影響下，他身邊的親人朋友都學會了節儉。

第四章　正確對待自己所擁有的一切

第五章
有自制力，
小人物也有大作為

第五章　有自制力，小人物也有大作為

失控不是因為自制力薄弱

我們有時候會誤以為「失控」是因為自制力薄弱。比如：減肥，有時候會出現越想抑制吃東西的衝動，結果吃得越多。

人為什麼會思考，會有感覺，會對一些事物熱烈追求。這些行為某些方面有可能是我們身體內一些化學物質在神經系統中的作用。多巴胺是下丘腦和腦垂體中的一種關鍵神經傳遞物，能直接影響人的情緒，同時中樞神經系統中的多巴胺濃度又受精神因素的影響。這種神奇的物質可以使人感覺興奮，傳遞開心激動的資訊。當我們強迫自己想「不能」、「不允許」的時候，就會觸發「獎勵中樞」釋放多巴胺，強烈刺激中樞神經，使得本來無所謂的東西，會變成強烈的「我想要」。這就造成越不能做越想做，導致決心失效。

「獎勵中樞」是自制力陷阱的根源。獎勵系統是人類最原始的動力系統，會促使我們透過行動追逐「想要的」東西，大腦分泌多巴胺，帶來對得到「想要的」東西的美好期待，讓「獎勵」變得極其重要，只想得到這個刺激，而不顧其他的。實際上得到東西也未必真的就幸福快樂。而多巴胺不僅帶來

> 失控不是因為自制力薄弱

期待,還會刺激壓力區域釋放壓力荷爾蒙,讓我們面對刺激誘惑時,產生焦慮壓力。但在多巴胺刺激下,更多聚焦快樂而忽視焦慮壓力。在追求快樂的時候,「獎勵中樞」極易被現代社會無處不在的誘惑刺激,驅使我們不斷追逐所謂快樂的期待,而這些快樂的期待真的對我們有用嗎?

雖然我們沒有經歷過運動員為爭取奧運冠軍而長年累月都必須有強烈的自制力的體驗,但我們或許有這樣一種感受:高中階段,尤其是高三,學測前,是我們學習力和自制力最強的時候,每天做很多題,讀很多書,學習到深夜,第二天還能繼續上課,繼續寫題背書到深夜,周而復始,一直到學測。上了大學之後,時間寬裕了,但人卻懶散,提不起精神來了,到了放假回家,更是懶得一發不可收拾,熬夜看劇、晚睡晚起、暴飲暴食⋯⋯再也回不到高三的學習狀態了。

為什麼會這樣呢?難道時間越寬裕,自制力就越薄弱?真相不是這樣的。

其實,確保我們高三階段高效運轉的是習慣,而不是自制力。在學測之前的那種緊張的學習氛圍裡,我們被動地養成了很多習慣 —— 每天有規律地上課、刷題、吃飯和睡覺,我們目標明確 —— 每個月、每個星期乃至每天複習什麼,做什麼考題,都是已經安排好的。這些事情在那段時間裡,是我們生活中的習慣,就像我們吃飯一樣,拿碗、裝飯、拿筷

第五章　有自制力，小人物也有大作為

子、吃進嘴、吞下肚……這一套習慣的流程執行起來毫不費力，並不需要自制力。當進了大學，課程安排變得自由了，你喪失了那些老師早已替你安排好，而你一直被動接受的習慣，開始自己規劃學習和生活時，才是需要自制力的時候。無論是校園裡的「成熟期學霸」，還是社會上的菁英人士，其高效的學習和生活，並不像我們往常以為的那樣，依賴於天生強大的自制力，而是得益於後天建構起來的習慣體系。

另外很重要的一點：人的自制力和肌肉力量一樣是有限的。當我們背或提重物走很長一段路後，我們就會腰痠背痛，最好馬上卸下重物並躺下休息，這就是肌肉力量耗盡了，自制力也一樣，我們在日常生活中要面對各式各樣的誘惑：美食的誘惑，蝦皮五折的誘惑，明星八卦新聞的誘惑，海外代購的誘惑，淡季出國低價遊的誘惑……我們要反覆抵抗這些誘惑才能專注於另一些重要的目標，比如學習和減肥。每拒絕一次誘惑，自制力就消耗一分，如果面臨的誘惑太多，總會有一個時刻，我們會累到無力抵抗，任由不良行為支配我們的生活。

不過，好在經過休息，肌肉痠痛可以復原，而自制力經過休息也能恢復正常。就像每個人天生的力氣大小不一樣那樣，自制力強弱也不同，有些人超強，有些人極弱，大部分處於中間狀態。力量可以透過訓練得到增強，自制力也可以透過訓練得以改進。

泥塑人生

　　總以為做雕塑藝術的都是西方人，或者大學裡那些酷酷的、身價高昂、難以接近的美術教授。卻不料，蜚聲海內外，曾為國內外數不清的寺廟、紀念館、博物館等製作過泥塑的雕塑藝術家也可以那麼平凡地生活在身邊。他的手藝高超，捏過很多名人，也有很多名人上門找「捏」。第一尊雷鋒像、閩王祠中的王審知、林則徐祠堂中的林則徐像、福建省博物館門前的呼天瑞獸……都出自他手。

　　某年春節，中國福建省福州市博物館舉辦了他的個人雕塑藝術展。在那裡，我幸會了滿臉笑容、身體硬朗、待人熱情的民間雕塑藝術家陳世善老先生。

　　展廳裡，有各式各樣的人物面具。雞蛋大小的世界名人面具，有阿基米德、盧梭、蘇格拉底、佛洛伊德、愛因斯坦等；中國名人面具，有周文王、孟子、勾踐、司馬遷、懷素、許褚、郭守敬等，面部表情各具特色，栩栩如生，與書中常見的人物形象同出一轍。拳頭大小的面具，有異域風情面具、圖騰面具、彩塑陶面具、中國的瑞獸壁掛等，個個面目猙獰，令人驚駭。不少泥面具裡還「暗藏機關」，用手碰碰，嘴巴和眼珠都會搖動。

第五章　有自制力，小人物也有大作為

　　除了各種面具外，還有人物塑像、僧侶和佛像。在眾多的塑像中，最引人矚目的是一尊為萬聖節製作的鬼面具塔，上面有555個鬼頭，連每隻鬼的眼珠都是五官俱全的鬼頭。還有一尊「千頂風天」塑像，真人大小，除了蜷曲的胡須、彪悍的身材、細緻的衣裳褶皺，以及從頭到腳纏繞的許多條蛇，這些極具印度人特點的細節外，還有頭頂的1,000個小佛像，每個像都只有指甲蓋的六分之一大小，精緻的程度令人驚嘆，不禁想起了敦煌莫高窟裡的那些隋唐時代的佛像。

　　除了泥像、陶像外，還展出了他自己製作的小提琴，金屬玉石雕刻，以及難得一見的馬雅象形文字。

　　一個民間藝術家是怎樣煉成的？

　　時光倒流到數十年前，在福建寧德誕生了一個孩子。上小學前他就對捏泥人充滿了興趣，村子中水田裡的泥巴和海邊的海泥，都是他最好的玩物。

　　讀小學二年級時，為捏泥人，他蹺課了20多天。那時，每天上學，他表現得跟平常一樣，吃完早飯就背起書包出門。不久，他就翻牆回家，悄悄上樓溜進自己的房間，沉浸在泥人世界中。這樣過了20多天，母親竟都沒發現。後來老師找上門，母親氣壞了，在樓上房間找到滿身是泥的他，將桌上的十幾個泥人掃落地上，全部踩碎。

　　為了讓他專心讀書，父母把他送到缺少泥巴的縣城。

泥塑人生

沒想到，他卻在縣城發現了一家塑佛像的店鋪。只要一有空，他就跑到店裡看師傅忙碌，學會了彩塑、瀝粉、貼金的工藝。回家後，他就利用「壽桃花」（熟食禮品）來捏各種小動物。

1950年代，他從福安師範學校畢業後，做過文工隊文藝員、電影放映員、鉗工、鍛工等。在此期間，他上各種美術班學美術基礎，跟各流派各行業的名師學藝，不斷提高自己的泥塑技藝。

好學的他跟各位名師學習傳統雕塑和西洋雕塑。他將西洋雕塑中人體解剖的透視原理和傳統雕塑相結合，使雕塑人物的肌體布局、身體部位比例更顯合理，人物更加逼真和傳神。

1974年，他為老師嚴孔談塑肖像。肖像塑好後，他留了一尊擺在自己家中。一日，好友葉貽彪醫師到家中，見到這尊雕塑，不禁讚嘆手藝絕妙，當下就為素未謀面的嚴老師「看起相」來。不但對嚴老師的年齡、身高、職業等猜了個八九不離十，還看出了嚴老師的健康狀況——有鼻腔腫瘤和面部神經癱瘓，竟然全部猜對了！

陳世善老先生做泥塑只為好玩，不為賺錢。他每天上午9點～12點在中國十大歷史文化名街之一的「三坊七巷」的省非物質文化博覽苑「上班」，他把展廳當作工作室，手裡一

第五章　有自制力，小人物也有大作為

刻不停。不少遊客看到他的手藝很感興趣，想買他的泥塑作品，他捨不得賣，但如果有人想學，他就會很熱情地教。

雖然沒有羅丹、米開朗基羅的名氣，但陳世善老先生也早已是享譽海內外的民間雕塑藝術家了。

雕塑藝術家，就是在數十年如一日跟泥巴打交道中「煉」出來的。專注於玩「泥巴」，並玩出成就，也是一種超強自制力的展現。

用七年時間養肥一隻「羊」

很長一段時間以來，中國的卡通無論數量還是品質都無法和國外產品相媲美，中國孩子成長中的笑聲很大一部分被外來的卡通贏得。

也許因為缺乏好看好玩的劇本，也許因為卡通的成本十分昂貴，所以沒有能夠連續不斷播出的中國卡通片。

一直到2005年8月6日，中國動畫《喜羊羊與灰太狼》在電視上播出了。在上海炫動卡通頻道的收視排行裡，《喜羊羊與灰太狼》名列第八，是前十名裡唯一的中國原創動畫。這令創作者們非常興奮，也給了他們繼續前進的動力。

這部卡通是廣州原創動力公司一幫年輕人不分晝夜製作出來的，但不是所有辛苦都有豐厚的回報。起初，這家公司也投入和大量的時間、金錢、精力製作動畫《寶貝女兒好媽媽》，卡通在電視臺播出收視率很高，卻賣不出廣告。中國動畫在電視上的播出收入，通常只能達到製作成本的10%；而很多外國卡通來中國播出是採取免費贈送，隨後依靠相關產品的銷售賺錢，比如《變形金剛》，就憑藉玩具、漫畫書等的銷售在全球賺了不少錢。可是廣州原創動力公司開發的《寶貝女兒好媽媽》的衍生產品卻沒有任何銷路。

第五章　有自制力，小人物也有大作為

　　代銷玩具的商店老闆雖然不肯再幫忙賣他們的玩具，但是告訴曾在北京擔任情景喜劇《家有兒女》製作人的廣州原創動力公司總經理盧永強一個祕密：小人頭的玩具沒有動物的好賣。盧永強聽了這句話，心裡開始思索該做什麼動物的動畫片。他想到了狼和羊，因為大家童年的記憶裡常有「大灰狼來啦」、「你不聽話，大灰狼就把你吃掉」這類的故事。

　　但是，在動畫《喜羊羊與灰太狼》裡，他們設計的凶惡的狼卻總是吃不到羊。在青青草原上的羊村裡，有一群幸福快樂的羊族，他們是：聰明的喜羊羊，慈祥的村長慢羊羊，大智若愚、喜歡睡覺的懶羊羊，力大如牛的沸羊羊。河對岸有一隻想要抓羊吃的灰太狼，雖然灰太狼陰謀詭計不斷，但是最後還是自討苦吃，總是抓不到羊，而且受傷回家以後，他的老婆紅太狼並不會給他安慰，還會狠狠地教訓他一頓。這樣喜劇效果就比較明顯。

　　編寫《喜羊羊與灰太狼》的黃偉健和羅劍雯夫婦曾擔任過《家有兒女》的編劇，他們把自己生活中的很多故事搬進了《喜羊羊與灰太狼》。隨著製作量越來越大，公司的現金流變得十分緊張，每收回一筆錢，就趕著發薪水，或趕快要買一點什麼東西。到 2006 年，《喜羊羊與灰太狼》劇本創作達到了 280 集。2007 年，劇本創作達到 635 集，成片也到了 520 集。結果是做得越多，賠得越多，這可急壞了盧永強，再這

麼下去發薪水都成問題了,就在這時候,有人主動上門,邀請盧永強為國外的卡通做加工,並且允諾馬上就有現金入帳。

當時,公司裡的動畫師已經增加到將近100個,這些年輕人全都是衝著原創動畫來的。他們當中沒有一個人願意做廉價勞動力,為外國人做簡單的貼牌加工。

經過痛苦的思考,盧永強拒絕了送上門的單子,這麼一來,公司接連兩個月發不出薪水,員工開始離職,這對公司所有人來說都是一個很大的打擊。大家都很茫然,不知道公司能否撐得下去,前途在哪裡。此時,《喜羊羊與灰太狼》播出已經兩年,網路上出現了很多熱烈的討論,喜羊羊、懶羊羊、美羊羊等動畫形象都有了大批粉絲,很多人還喜歡上了灰太狼,什麼「嫁人要嫁灰太狼」、「紅太狼對灰太狼的愛情才是真正的愛情」之類的話也流行開來,到2008年,《喜羊羊》的圖書已經賣到了400萬冊,這讓盧永強產生了一個大膽的想法。他想做一部《喜羊羊與灰太狼》的電影。但是,做動畫電影的風險實在太大了!以前有很多失敗的例子都表示回收往往都不夠成本的1/10。甚至曾創造中國動漫電影票房冠軍的《風雲決》,投資超過6,000萬,票房也僅為3,300萬。假如這套電影做不好,整個公司就沒了。所以公司的投資人,副總劉蔓儀第一個提出反對。

第五章　有自制力，小人物也有大作為

　　盧永強卻認為：原創動力已經樹立起喜羊羊的品牌，目前是一個非常好的時機，只要不虧本就值得做。

　　為了少花錢，降低市場風險，盧永強找來了兩家合作夥伴，一個負責發行，另一個負責宣傳。2009 年 1 月 16 日，投資僅為 600 萬元，從籌備到製作完成不到一年的電影《喜羊羊與灰太狼之牛氣沖天》正式上映了。這一天，是寒假第一天，期盼已久的孩子們帶著家長在影院外排起了長隊。最後的票房總成績出乎所有人的意料，達到了 8,000 萬元。《喜羊羊與灰太狼之牛氣沖天》成為有史以來最賣座的中國動畫，創造了中國動漫的一個票房奇蹟。

　　盧永強心頭的大石頭放下來了，他反敗為勝了。這個成功來得太不易，養肥一隻羊，他用了七年時間。

　　人生就像下一盤棋，如果半途而廢，必輸無疑，堅持走下去，還有機會翻盤。用耐心去專注地做一件事，用毅力去堅持自己的理想，才有成功的希望。

第六章
教育的自制力

第六章　教育的自制力

利用外在條件恢復自制力

自制需要消耗大量的能量，科學家認為，長時間的自制就像慢性壓力一樣，會削弱免疫系統的功能，增大患病的機率。

當感覺在自制力的作用下，已經堅持很長時間了，不妨放鬆一下，從壓力和自制力中恢復自制力的儲備。放鬆，即便只放鬆幾分鐘，都能啟用副交感神經系統，舒緩交感神經系統，從而提高心率變異度。它還能把身體調整到修復和自癒狀態，提高免疫功能、降低壓力荷爾蒙分泌。研究表明，每天拿出時間來放鬆一下，能保持身心健康，同時增強自制力儲備。

這可以解釋為什麼我們要安排下課 10 分鐘休息時間，為什麼我們需要午睡，為什麼在緊張的學習過後需要運動，需要散步，更需要晚上好好睡覺。這些看似消耗時間，其實在幫助我們恢復體力和自制力。連續工作讀書十幾個小時不僅損害自制力，也損害健康，長期這麼做的話，會對身體造成不可逆轉的損害。

提高自制力的「放鬆」便是做到真正意義上的身心休整。哈佛醫學院心臟病專家赫伯特·本森稱之為「生理學放鬆反

利用外在條件恢復自制力

應」。在放鬆過程中,心率和呼吸速度會放緩,血壓會降低,肌肉會放鬆。大腦不會去規劃未來,也不會去分析過去。

如果沒有一個可供睡眠的時間段,又需要激發這種放鬆反應,可以嘗試躺下來,或者坐下,總之選擇自己感覺舒服的姿勢。然後閉上眼睛,做幾次深呼吸,徹底放鬆自己,如果感覺哪裡肌肉緊張,可以有意識地擠壓或收縮肌肉,然後就不要再去管它了。保持這種狀態 5～10 分鐘,試著享受這種除了呼吸什麼都不用想的狀態。為了防止睡著,可以先設定好鬧鐘。把這當成一項日常練習,尤其是處於高壓環境中或者感覺自己需要自制力的時候,都可以做這個練習。放鬆會讓生理機能得以恢復,同時消除慢性壓力和自制帶來的影響。

自制力和肌肉一樣有極限,從早到晚會逐漸減弱。除了休息外,還可以透過飲食調整治善自制力。因為突然增加的糖分會讓人在短期內面對緊急情況時有更強的自制力,但從長遠來說,過度依賴糖分並不是自制的好方法。所以,不要選擇經過複雜加工,高糖高脂肪的食物,這樣做會摧毀自制力。從長遠來看,血糖突然增加或減少會影響身體和大腦使用糖分的能力。這意味著,身體中的含糖量可能很高,但卻沒有多少能量可用 —— 就像眾多糖尿病患者一樣。保證身體有足夠的食物供應,這能給人更持久的能量。要選擇低血糖飲食,就是那些沒有太多加工的處於自然狀態的食物,以及

第六章　教育的自制力

沒有大量添加糖類、脂肪和化學物品的食物，比如粗纖維穀類和麥片、堅果和豆類、瘦肉蛋白、大多數的水果和蔬菜。調整飲食也需要自制力，只要做一點改善，我們獲得的自制力都會比消耗的多。

除此之外，還可以進行自制力訓練，學會控制自己以前不會去控制的一些小事。

比如：增強「我不要」的力量：不隨便批評別人，或者不用口頭禪，坐下的時候不蹺二郎腿，用不常用的那隻手進行日常活動⋯⋯

增強「我想要」的力量：每天都做一些習慣之外的事，用來養成不一樣的習慣。比如可以打電話給父母親，或是不請鐘點工，自己每天在家裡做一個地方的清潔。增強自我監控能力：認真記錄一件你平常不關注的事，可以是新聞事件，天氣預報，日常支出，飲食菜單，也可以是你花在手機滑 FB 和 IG 的時間。如果你的目標是存錢，那就記錄支出情況，總結無謂的支出並加以改變；如果目標是健身，那麼每天洗澡之前做 8 分鐘腹肌運動，或者跑步 1,000 公尺。即便實驗結果不會直接服務於你的目標，用簡單的方式每天鍛鍊自制力，也能為自制力累積能量。

> 先對別人微笑

先對別人微笑

豆豆開始讀小學了,媽媽每天都去接他放學。媽媽常聽他說:「今天同桌又欺負我」、「今天老師又罵我」、「今天某某同學故意踢我」……

每次追究原因,他都會找一些理由來證明自己的無辜、別人的可惡,總之,他就是那個最不招人待見的倒楣蛋。對此,媽媽常常束手無策,除了安慰他幾句,想不出更好的辦法來改變現狀。

暑期,媽媽請了一位英語老師來教他和鄰居同齡小女孩學英語,不知道是在自己家裡上課,太熟悉環境的緣故,還是他一貫如此,媽媽發現在課堂上他調皮得很:一會兒自我感覺良好,與鄰居女孩爭著回答問題,強調這個答案是他想出來的,女孩學他;一會兒又特別自卑,回答問題聲音極小;下課,鄰居女孩搶他的玩具,他搶不過,就大聲喊叫「她欺負我」;若是老師責備他,他就說老師用手指他,不尊重他;或者說老師不公平,明明是對方錯,為什麼總是罵他。

這種情況幾乎每節課都在上演,有一次,老師停下課來,問他:「在學校裡有多少人喜歡你?」他數了一下,說:「兩個。」

第六章　教育的自制力

老師問:「其他人呢?」他說:「其他人都不喜歡我,他們會打我、罵我、踢我、搶我東西……老師更不喜歡我。」

老師問鄰居女孩:「妳有幾個好朋友?」女孩說:「半個班的同學都是我的好朋友,老師也喜歡我。」

老師轉問豆豆:「你知道為什麼你的好朋友那麼少嗎?」豆豆搖頭。

老師說:「你會說很多的成語,這很好,說明你語文能力很強。但是,你試著想一想,這些成語是貶義的還是褒義的?如果別人把這些成語用在你身上,你聽了會開心嗎?」豆豆搖頭,說:「不開心。」老師說:「那麼,你想別人聽了會開心嗎?還有,老師聽到你罵他,他會開心嗎?」豆豆說:「也不會。」老師問:「你是不是在等著別人對你友好,然後你才對別人好?」豆豆答:「嗯。」

老師問:「你可不可以先對別人微笑?」豆豆想了一下,點點頭。

老師又說:「如果,你對老師有禮貌,而不是很直接說老師的缺點,老師也會慢慢改變對你的看法。」豆豆又點頭。

豆豆媽媽在一旁聽著,明白自己教育的疏漏了:不能一味偏聽偏信,片面地安慰孩子,那只會助長他自我意識的膨脹,無益於改變他的人際關係,應該教孩子學會控制自己的情緒,學會換位思考,學會主動對人友好,讓他明白——己

所不欲,勿施於人。這樣,或許能將他從人際關係的漩渦中拉出來,看到自己的不足,從而改變現狀。

一些真人秀節目中,我們會看到明星一家子在遇到事情時的表現,他們的孩子是否有禮貌,會引起很多評論。有禮貌的孩子,觀眾容易歸功於家教好;而沒禮貌的孩子,也會被貼上父母親沒教好,孩子「沒教養」的標籤。其實,除了教養外,還在於孩子的自制力。父母親除了教育孩子在與人交往中該說該做什麼,不該說不該做什麼之外,還要注意加強對孩子自制力的培養,這樣才能讓孩子具有可持續發展的「教養」。

第六章　教育的自制力

教育，不複製他人的成功

　　林老師有個很出色的孩子，各科成績優秀自不待言，從小學一年級開始年年奧數一等獎，圍棋逢賽必贏，還有鋼琴十級，籃球水準一流，最令人眼紅的是他的國際資訊奧林匹亞競賽獲得全國一等獎，在離學測還有 5 個月的時候就被一所排名前列的國立大學提前錄取了。林老師喜得合不攏嘴，心寬體胖，一下子重了好幾公斤。自那之後，她時常掛在嘴邊的話是：「你們只要複製我兒子的成功經驗，以後就可以跟他一樣上名牌大學了。」聽得大家心中十分激動，誰不想自己的孩子將來也能上名牌大學呢？

　　一天，錢老師非常誠懇地向她請教，她也很熱情地傳授經驗，還把她兒子用過的奧數書借給她，說等做完了還給她，她再借給別人。她又說：「等妳孩子上五年級以後，我再把電腦老師的手機號碼給妳。」

　　錢老師畢恭畢敬地接過書。此後，每天中午強摁兒子在桌前解奧數題，不管他哭哭啼啼還是殺豬般號叫。這樣的日子過了一段，需要拆遷搬家，好不容易安頓下來，兒子說：「奧數書找不到了。」錢老師嚇一跳，這可是要還給人家的，趕緊找啊，可是怎麼找都找不到了。錢老師急得直跳腳，兒

子卻高興了。

五年級暑假,林老師真的就把電話號碼給錢老師了。錢老師帶兒子去報名,看到大多數的孩子是六年級和國中生,不禁心中暗喜:「我們家孩子這麼早就開始學,基礎打扎實了,以後肯定不會差,說不定也能撈到個全國競賽一等獎,然後是頂大,哇,太好了……」

暑假時,錢老師的兒子上午去上電腦語言的課,下午至晚上,就在家中鑽研題目。不知是電腦語言太難,還是他的腦力不夠用,就見他常常盯著電腦幾個小時而沒有收穫,等爸爸回來教。晚上,他爸爸放下自己的事情,專門跟他解釋大半天,他毫不開竅,忍不住火冒三丈,劈頭蓋臉打過去,然後是一陣大哭。

同班的好多同學半道退出,錢老師要她兒子一直堅持著,好不容易捱到最後一節課,考試的時候,他做出了60%的題目,但是老師說:「這是國際資訊奧林匹亞競賽班,不是補習班,這次考試如果不能百分百做對,第二期就不要來了。」

錢老師的兒子有些沮喪地告訴他媽媽這個消息,錢老師很無奈地說:「不去就不去吧!」她兒子竟歡天喜地。

離名牌大學原來越遠了……錢老師暗暗哀怨。一次,母子倆一起經過電腦教室門口,她孩子說:「每次經過這裡,我

第六章 教育的自制力

就感覺渾身發冷，一想起爸爸打我，就覺得很恐懼⋯⋯」

六年級開學，錢老師的孩子忽然說想學漫畫，錢老師就替他報了漫畫班，雖然孩子的爸爸不斷嘀咕：學電腦多好啊。錢老師也只能跟他商量：兒子不是那塊料，失敗很打擊自信心的，也影響正常學業。

漫畫僅學一個多月，他的水準已經超過比他早學一年多的孩子，時常受到老師的表揚。

其實，每一個孩子都是獨特的千里馬。以己之短量人之長是愚蠢的，與其機械地複製他人的成功經驗，對自己孩子造成心理障礙，不如幫他們盡快發現自己的長處，讓他們在學習中獲得成就感，提升學習的興趣。

身為家長，要控制住自己急功近利的心，才能給孩子一個寬鬆的環境，去尋找適合自己的空間。

用耐心等待成長

在 20 多年的教師生涯中，我印象很深刻的有兩個學生。

其中一個是女生。開學後，我的第一節課，她就遲到了。當我看到她用大量的粉塗得煞白的一張臉，看到她穿著不合時宜的新潮裝束，扭著腰肢姍姍而來，甚至不在教室門口做一秒鐘的停留，更不肯喊一聲「報告」，就直接走進去的時候，我知道這又是一個另類到極致的女生。

據多年的教學經驗，這樣的女生刀槍不入，好話歹話對她來說都沒有意義。面對老生常談的說教，她可能會選擇沉默不語；惹火了她，也可能會說出讓老師尷尬得下不了臺的話。

無論哪一節課，她的桌面上擺的都不是書本，而是化妝品，而她，則對著鏡子描眉塗粉擦口紅。每次我上課，她也總是擺出這些東西。也許，並非示威，而是已經成為一種習慣，這是一個自制力很差的女生——我這樣想。所以，時常，我藉著叫學生起來回答問題，或者讓學生讀書的機會，有意無意地走到她身邊，在她的桌子上用手指頭輕輕地敲了敲，輕聲說：「愛美不是壞事，但現在是上課時間，請收起來。」她抬頭看看我，毫無表情，但卻停下手中的工作。

第六章　教育的自制力

課堂上，我的每節課都會安排一兩個學生演講，我答應他們：願意上來演講的都有加分。但是我心裡沒底：對於像她那樣的學生，加分恐怕是沒有誘惑力的。果然，當輪到她的時候，她總是以沒有準備好為由拒絕上臺。而我，也並不生氣，總是對她說：「好，我等妳，等妳準備好了再來。」

我用極大的寬容與耐心一次次地等，可是她總也不上來。

一次上課，我在黑板上寫了當課的生字請學生閱讀課文後上來注音，出乎我意料的，她忽然舉手說：「我來。」我驚喜不已，忙請她上來。她在黑板上很認真地寫，雖然沒有全對，但字寫得很好看。

她下去以後，我不急於糾正對錯，而是問全班同學：「大家來點評一下，她今天表現怎麼樣？」

「真沒想到，她會上來。」「其實，她字寫得滿好的。」「大部分都做對了。」學生們你一言我一語地議論開了。我看她一眼，她坐在那裡，很專注地聽大家的評論。

下課後，她經過我身邊的時候，忽然開口：「這是我第一次到黑板上寫，以前，老師從來不叫我……」說完，也不等我回答，就自顧自走了。

不久以後，我教〈再別康橋〉，請學生起來朗讀，仍是答應他們：凡是願意起來讀的，不管讀的水準如何，都有加分。當她主動說「我也要讀」時，全班都大為驚詫。平時和她混在

用耐心等待成長

一起的幾個學生甚至開她玩笑:「妳也會讀書?」

她站了起來,向同學借了一本書,一板一眼地讀,下面仍有同學在笑話她,而她沒有理會。她讀完坐下,我帶頭鼓起掌,然後是全班鼓掌,她笑了一下,眼裡有柔波閃過。

她,還是沒有演講,但我相信她會實踐自己的承諾,只不過需要時間。所以,我,還在耐心地等待著……

另一個是男生。我想不到,他,會在即將離開學校前成為一匹橫空殺出的黑馬。

一貫地,他默默無聞,沉默到教了他兩年,我卻僅能記住他的名字,此外,再沒有一星半點的印象。而他的出場似乎是為了再次驗證我的一句慣用語:大家要相信自己潛力無限。

這是最後一輪演講。在多次的錘鍊中漸漸出色的同學已經各盡所能,充分展示了自己的才華,剩下的幾個都是懶洋洋沒有幹勁的,上講臺也說不出什麼東西,他就是其中一員,所以,當他說「今天我想演講」時,我並不抱太大希望,只當他是為了應付我硬性規定的任務而已。

站在講臺上,他手裡拿著一疊自己寫的講稿,開始支支吾吾翻來覆去地說自己僅是要表達在學校讀書生活兩年的感受,我在替他擔心,也並不看好 —— 一個很沉默的學生,會憑空發生什麼變化?不料,他越講越順暢,並不怎麼看稿地

第六章　教育的自制力

講述他在校期間的收獲、變化,說他對人生的看法、感悟,談令他深入思考的一些故事、問題。然後,是與同學的互動,他和同學互相交流對彼此的了解、看法,不斷有人發出驚呼:「太強了!」「真想不到。」「為什麼平時掩藏自己?」也有人發出嘲笑,而他都微笑面對……原定5分鐘的演講,他講了35分鐘。我請他將最後的10分鐘留給我,才阻止他繼續說下去。

不僅我吃驚,所有的同學都吃驚,原來,他竟也是一個如此認真,如此有深度,如此心胸開闊的男生。似乎,近兩年的累積都是為了這一朝的爆發。

我問他:「還記得前年第一次上臺的情形嗎?」他說:「記得,那時候非常緊張,拿著一本書唸,不敢看下面。」有同學說他:「今天臉都不紅。」他笑答:「我在進步。」

在這35分鐘裡,他提到最多的一個詞:「進步」,他說得最多的一句話是:「我在不斷地進步。」他說:「以前讀國中時,我非常靦腆,都不敢跟人說話,什麼也都不懂,來這裡後,跟著幾個同學不僅學會了玩遊戲,還一起聊天,一起進步……」

有同學評論他:「他其實很會控制自己,雖然也會玩遊戲,但是不會上癮。這一點很重要。」

我吃驚,但這讓我更加堅信,每個人都有無窮潛力,只

要懂得控制自己,只要懂得把握機會鍛鍊自己,就能成為一匹「黑馬」。但,「黑馬」也需要給他們製造機會,耐心等待他們成長的伯樂。有伯樂,然後才有黑馬橫空出世的可能。

我相信:這 35 分鐘必是他人生的一個重要轉捩點。

這兩個學生的故事,讓我深切地感到:為人師者,對學生一定要學會控制住自己的情緒,學會忍耐,不要憑本能反應,毫無章法地隨意斥責學生,那樣兩敗俱傷,無法下臺。

教育者與被教育者同樣需要自制力,這是完成教育這項艱鉅工作的堅實基礎。

第六章　教育的自制力

不要輕易說「難」字

　　作文課上，我安排了一篇話題作文，一位女生才聽我讀完那則作為話題的故事，就嚷嚷起來：「老師，不會寫，好難！」

　　我知道，這是他們的習慣用語。每次都會聽到，不管怎麼勸誡，下回照樣要說。

　　所以，乾脆不去反駁她，只是「牽」著他們一起思考，一步一步地尋找立意，慢慢地，我們竟找到 13 個寫作角度。

　　然後，我再問那女生：還覺得難嗎？她搖搖頭，說：「不難了。」

　　學習，怕「難」，是很多學生的通病。此等毛病，絕非進了高中才出現。想當初，初進校門，年紀尚小，會有老師逼著完成作業；上了國中之後，功課便變得繁重。逼迫，已不能從根本上解決問題了，很多畏難的學生開始學會逃避，由抄襲到缺交，逃避讀書，乃至逃避會考⋯⋯於是，進了一所很普通的學校。

　　國小、國中養成的畏難情緒，到高一層的學校，倘能回頭，還是可以挽回的，但是，在畏難者的眼裡，到處都是困

> 不要輕易說「難」字

難,都需要逃避,他們會用盡渾身解數,竭盡全力,躲得遠遠的。逃避程度越來越高,畏難情緒堅不可摧,混日子變成了當前的人生目標。

遇難而退卻的現象出現時,父母師長也許會指責批評,但時間長了,毫無效果,也就見怪不怪,聽之任之了。失去監督和約束,怕「難」的孩子就會更加懶散,凡是遇到困難就繞開走,橫豎有父母擋著,又怕什麼呢?但是,父母幫得了一時,卻幫不了一世。長此以往,人生何以為繼?社會又怎能發展?

其實,「難」這一字最不可說,一旦說出口,就再無挽回的餘地,就會開始逃避——不論是學習、生活,還是工作。最可怕的是自我的心理暗示:這太難了,我做不了,還是另請高明吧;或者是:我不做,日子也照樣能過得下去。

確實,日子還是那麼過。但潛意識中,用這「畏難」營養液澆灌的小苗漸漸成長為根深葉茂的大樹,「畏難」逐漸從習慣變成個性,日益深入骨髓。到最後,任是誰去搖他,都成了蚍蜉撼樹,紋絲不動,這是真正的悲哀。

人生處處皆困難。那麼,不妨學做勇者。在勇者的眼裡,困難是存在的,卻並非不可克服,每次超越都會讓自己有成就感,都會獲得戰勝困難的自信。於是,困難越來越不在話下,成功唾手可得。這樣,人生更多樂趣,也就更有意義了。

第六章 教育的自制力

第七章
控制住自己的愛,獲得幸福

第七章　控制住自己的愛，獲得幸福

愛情要有自制力

每個人都渴望愛情，因為每個人的大腦中都有一個愛情中心，就是下丘腦。下視丘分泌多種神經傳遞物，比如多巴胺，腎上腺素，就像邱比特之箭，當一對男女一見鍾情時，這些戀愛興奮劑就會源源不斷地分泌出來，於是我們有了愛的感覺，享受愛的幸福，感覺愛情的甜蜜甚至眩暈，陷入其中無法自拔，這都是「多巴胺」在發揮作用。

那麼愛情多巴胺能持續多久呢？處在甜蜜美妙愛情中的戀人們總是希望天長地久。我們渴望天長地久地持續分泌多巴胺，但我們的身體卻無法長期承受這種興奮的刺激，也就是說，一個人不可能永遠處於心跳過速的巔峰狀態，那會毀了我們的健康。多巴胺的強烈分泌，會使人的大腦產生疲倦感，所以大腦只好讓那些化學成分自然地新陳代謝，這就是愛情為什麼會漸漸轉淡。

美國康乃爾大學一位愛情心理學教授用了三年的時間，對美國 5,000 對 25～45 歲年齡層夫妻進行抽樣問卷調查，將這些資料輸入電腦，再經過相關醫學心理測試分析後得出這樣的結論：

> 愛情要有自制力

男女之間產生真正愛情，其時間只能保持18個月到30個月，過了這一時間後，一般不會出現彼此感覺到對方有心跳加速、手心出汗的現象；男人、女人擁抱時的力度分別只有當初的35%和25%；接吻的熱量分別只有當初的30%和35%。

與此同時，男人女人彼此注視的時間也要比當初減少15%和20%，特別是女人，即使踮起腳跟和心愛的男人示情，其踮的高度也比當初減少了1～2公分。

心理學家指出，男女愛情是由大腦中的三種化學物質多巴胺、苯乙胺和催產素激發出來的。當男女初次產生愛情時，這三種化學物質會迸射而出，就是所謂的亢奮，讓人欲罷不能。但隨著時間的流逝，人的機體內漸漸會對這三種化學物質產生一種抗新鮮素的抗體，兩年之後，這三種化學物質的作用就會消失，男女之間的新鮮感會逐漸消失，取而代之的是情感之間的理解、交融，或者遠離。

所以，不要強求對方對自己長期保持滿滿的愛情，隨著多巴胺的減少和消失，激情也因此不復存在，愛情或歸於平淡，或乾脆分道揚鑣。

愛情中，最為悽慘的是一方多巴胺很早就消失了，而另一方還在源源不斷地分泌著。於是，一方想早日脫身，另一方糾纏不休，這給雙方都造成煩惱。有些人陷入自怨自艾，痛苦憂鬱，不可自拔，甚至造成自殘自殺的悲劇；有些人自

第七章　控制住自己的愛，獲得幸福

制力差，思想偏激，將矛頭對準他人，傷害對方或者與之有關的其他人，從而造成影響深遠的社會問題。

並不是所有人都因為多巴胺的減少而選擇分手。因為我們還有責任、親情、誓言、承諾，堅守著愛情和婚姻的更多是這些因素，不是僅僅靠多巴胺維持的激情。在生活的過程中，透過不斷的努力、共同的進步，愛情還可以煥發出新的活力，這才是更廣義的愛。借用一句嚴謹的表達：「當多巴胺風起雲湧的時候，我們狂熱地愛與被愛著，盡情享受愛的甜蜜；當多巴胺風平浪靜的時候，我們坦然處之，仍然為愛奉獻與努力，不離不棄。」

在情感中遭遇挫折時，考慮一下，這不過是化學物質多巴胺在我們身體裡發揮作用。「現在，我不想再分泌過多的多巴胺了。」這樣想，是否能幫助自己儘早從痛苦中解脫出來，做到瀟灑地揮手作別昔日的愛情，重新開始另一段生活？

控制不住他的心，
那就管住自己的愛

都說每一位成功人士背後都站著一位默默付出的女人。

作為人類有史以來最偉大的物理學家 —— 愛因斯坦，他的背後也有這麼一位女人 —— 與他同樣聰明、出色，卻為他放棄自己的事業，最後換來的是厭倦、背叛、遺棄和苛責。這就是他的第一任妻子 —— 米列娃·馬利奇，她是他的同班同學，是對他的學術和生活有著巨大幫助的一位女性。

米列娃出生在匈牙利塞爾維亞的一個富農家庭，從小聰明好學，高中畢業後，父母將她送到瑞士的一所女子學校深造。19世紀末，女大學生堪稱鳳毛麟角，而她是歐洲第一個學數學的女大學生。後來，她轉學到蘇黎世。

與愛因斯坦相愛後，兩人形影不離，一道學習，一道討論科學問題。愛因斯坦寫給米列娃的54封情書是將學術研究和愛戀之情結合在一起的，比如：「要把相對運動課題做成功，只有妳能幫助我，我是多麼幸福和自豪！」「等妳成了我親愛的小妻子，我們會一起勤奮地致力於科學的研究，如此我們才不會變成庸碌之輩，好嗎？……妳一定得永遠是我迷人的小巫女，是我淘氣的街頭頑童。」

第七章　控制住自己的愛，獲得幸福

那時候，他們是幸福的。儘管愛因斯坦的母親因為門第觀念堅決反對他們在一起；儘管愛因斯坦因為猶太人血統長期失業，後來好不容易才找到一份專利局「三級技術專家」的工作，他們的生活很拮据；儘管米列娃只是一個樣貌平平的跛子，但愛因斯坦依然稱呼她為「親愛的洋娃娃」，因為他欣賞米列娃身上那股與生俱來的寧靜氣質，堅如磐石的沉穩力量。

米列娃為愛因斯坦放棄了自己作為一個殘疾女人奮鬥了十數年的事業，她照顧他，無微不至。她不僅是他科學研究上的好幫手，更為他創立相對論立下汗馬功勞，以至於後來有人認為他們應該被並稱為「相對論的父母」。

然而，十年的婚姻生活，磨滅了愛情，更讓他對她無比厭惡，他發生了婚外情。當初的「洋娃娃」不見了，他的眼裡再也沒有了那個為關在小閣樓裡不斷進行科學演算的自己任何想吃的時候都能吃上熱飯菜而忘我勞作，以致飽受甲狀腺腫大困擾的黃了臉的女人。她在他的眼裡，何止不可愛，簡直就是面目可憎，他說她：「是個凶巴巴的、毫無幽默感的造物，沒有任何自己的生活。她的存在只能令其他人的生活喪失樂趣。」他背著她寫信給另外一個女人：「我無法忍受這個醜陋的女人，她是世界上最陰沉的女人，我已經和她分床，我無比渴望著妳，甜蜜的寶貝。」

> 控制不住他的心，那就管住自己的愛

愛因斯坦把妻子和兩個兒子扔在蘇黎世，獨自跑到柏林和孀居的表姐愛爾莎另築愛巢。米列娃痛不欲生，但女人的痛苦從來不可能喚回男人的心。她阻止愛因斯坦前往柏林，到皇家普魯士科學院工作。愛因斯坦對此大為惱火，他以書面形式通知妻子，如果要保持婚姻，必須滿足以下條件：

A. 妳應當確保我的衣物和被褥整潔，確保我的一日三餐，確保我的工作間整潔，特別要提醒的是，我的辦公桌別人不得使用。

B. 放棄我們之間的一切關係，除非出席社交活動，特別不要讓我在家裡跟妳坐在一起，跟妳一道外出或旅行。

C. 跟我交流要注意以下事項：別希望我對妳好、不發火，如果需要，必須立即終止與我的談話，只要我要求，必須無條件地離開臥室或工作間。

D. 妳有義務在孩子面前不得以語言或動作蔑視我。

即便如此，兩年後，愛因斯坦還是寫信給米列娃要求離婚。當時米列娃為了替小兒子愛德華治療先天精神病，幾乎花光了全部積蓄，後來，只能靠教鋼琴維持生計。離婚的消息對於當時身體和經濟均陷入困境的米列娃來說，簡直是晴天霹靂，但是，她沒有別的選擇。1919年，米列娃同意離婚，但她提出：如果將來愛因斯坦獲得諾貝爾獎獎金，要分給她一部分。1921年，當愛因斯坦拿到獎金後，確實付給了她一些，但她到底得到了多少錢，迄今仍是一個謎。

第七章　控制住自己的愛，獲得幸福

與愛因斯坦接觸過的女人，對他都是死心塌地的，第二任妻子愛爾莎對愛因斯坦也是如此，然而，她缺乏米列娃的聰明與學識，她根本就對愛因斯坦的物理世界一竅不通。

愛因斯坦在感情上對愛爾莎也並不忠誠，但愛爾莎卻深愛自己的丈夫，容忍了這個「孤獨的天才」一個接一個的桃色緋聞。

1930年代，米列娃的大兒子攜妻子和孩子去了美國，米列娃沒有再婚，一直留在瑞士，照顧小兒子，過著隱居的生活。1948年，這位堅強的女性在蘇黎世的一家醫院與世長辭，她的訃告裡沒有提到她與愛因斯坦的關係。

以米列娃的聰明和學識，若是遇到居禮那樣的丈夫，或者，她有可能成為另一個瑪里·居禮。可惜，她遇到的是愛因斯坦。而她認為：「愛因斯坦和我就是一塊大石頭（愛因斯坦在德文中的意思就是大石頭），他的成就是我的。」她缺乏瑪里·居禮的性格，這注定了她只能成為世界最偉大的物理學家背後的那個默默奉獻，最後被遺棄、被遺忘的女人。

寧願和男人並肩站成兩棵樹，也別把自己和男人捆綁成一塊石頭，哪怕那塊石頭是鑽石。因為，兩塊石頭怎麼也不能融為一塊大石頭。

聰明的女人應該懂得：控制不住他的心，那就管住自己的愛。

家庭，用愛說話

家庭，用愛說話

　　提到錢鍾書，人們會想到他那才情橫溢，妙喻連篇，反映舊時代知識分子人生際遇的長篇小說《圍城》；會想到他報考清華大學時，數學僅得15分，但因國文成績突出，英文獲得滿分，而被清華大學外文系破格錄取；會想到他拿不好筷子，不會打蝴蝶結，分不清左右腳，以第一名成績考取英國庚子賠款公費留學生，可是初到牛津求學，就吻了牛津的地，磕掉大半個門牙，滿嘴鮮血地出現在妻子面前的「拙手笨腳」；也容易聯想到他那參透生活真諦的睿智，甘坐冷板凳、淡泊名利的人生態度和絕頂聰明的的處世之道；還會想起他過目不忘的超強記憶，融貫中西的學問，以及他通曉多國語言，應邀出訪歐洲各國時，能夠用各所在國的語言做出道地漂亮得令各國語言學家震驚的演講⋯⋯

　　然而，他除了是大作家、大學問家，還有一個重要的身分不該被忘記 —— 他是他妻子的丈夫。在妻子面前，他沒了不食人間煙火的清高，而是一位很弱小，「拙手笨腳」，需要人照顧，但又恪盡職守的好丈夫。

　　他們在牛津求學時，租住的第一戶人家提供的伙食很差，妻子擔心他總吃不飽影響健康，就要搬家。起先，不會

第七章 控制住自己的愛，獲得幸福

做家事的錢鍾書不同意，等妻子找到合適的房子，搬了家。入住新居的第一個早上，妻子楊絳醒來，發現「拙手笨腳」的錢鍾書竟然煎了蛋，烤了麵包，熱了牛奶，泡了又濃又香的紅茶，還有奶油、果醬、蜂蜜……用一個床上用的小桌，直接將早餐端到妻子床前。從那以後，他們一同生活的日子──除了在大家庭裡，除了家有女佣照管一日三餐的時期，除了錢鍾書有病的時候，這早飯總是錢鍾書起來做給妻子吃的。

搬家後，楊絳第一次獨自處理活蝦，剪蝦鬚時被抽搐的蝦嚇得逃出廚房，說，以後不吃了。他卻說，蝦不會像她那樣痛，以後還是要吃的，由他來剪蝦鬚好了。

待到妻子懷了孕，他諄諄囑咐：「我不要兒子，我要女兒──只要一個，像妳的。」並很鄭重其事地早早陪妻子到產院定下單人病房，還請女院長介紹專家醫師。

妻子產後住院期間，他每天到產院探望，常苦著臉說：「我做壞事了。」不是打翻了墨水瓶，把房東家的桌布染了，就是砸了檯燈，再不就是把門軸弄壞，門不能關了……幸好妻子總是回答他「不要緊，我會洗」、「不要緊，我會修」。他就充滿感激，放心地回去了。事實證明，妻子住院期間他所做的種種「壞事」，待妻子回寓所後，真的全都處理好了。

雖然生活中很多時候他很「白痴」，但這並不等於他不

會關心照顧人。妻女出院的時候,他叫來汽車接。回到寓所,他燉了雞湯,還剝了碧綠的嫩蠶豆瓣,煮在湯裡,盛在碗裡,端給妻子吃。以至於楊絳驚嘆:錢家的人若是知道他們的「大阿官」(江浙方言,官人、公子之意)能這般伺候產婦,不知該多麼驚奇。

後來,錢鍾書通過了牛津的博士論文考試,如獲重赦。他覺得為一個學位賠掉許多時間很不值得,不願意白費工夫讀一些不必要的功課,兩人便前往更加自由開放的巴黎大學。在巴黎這一年,錢鍾書自己下功夫扎扎實實地讀書。夫妻二人不合群,也沒有多餘的閒工夫,房東太太的伙食太豐富,一頓午餐便可消磨兩個小時,他們愛惜時間,不久就又開始自己做飯。錢鍾書趕集市買菜,他們用小耳朵把雞和暴醃的鹹肉同煮,加平菇、菜花等,還讓襁褓中的女兒吃西餐,把女兒養得很健康,用楊絳的話說:「(女兒)很快就從一個小動物長成一個小人兒。」

「文革」時,錢鍾書下放昌黎,工作是淘糞,吃的是發霉白薯粉摻玉米麵的窩窩頭。陰曆年底,他回家時,居然很顧家地帶回很多北京買不到的肥皂和大量當地出產的蜜餞果脯。

當時,造反派組織規定高級知識分子家中一定要進駐「造反派」,錢鍾書家也不能倖免。被派進來的一對「造反派」

第七章　控制住自己的愛，獲得幸福

年輕夫妻不僅不尊重這一對老知識分子，還動輒打罵訓人。錢鍾書忍無可忍，因妻子被「造反派」夫婦欺辱，他以年邁多病之軀與他們大打出手，把手臂都打傷，鬧得滿城風雨。這下，連「造反派」也都對他敬畏三分，認為錢鍾書「這老頭兒」有骨氣！但後來，為避免麻煩不斷，他們不得不棄家而「逃」，到女兒學校的宿舍暫住。三人擠在一間陰冷狹小的屋子裡，來客人都無處容身，可是他們卻因那裡離圖書館近而感到非常滿意。

女兒錢瑗畢業留校工作，夫妻倆都很高興，家中的保母不擅做菜，錢鍾書就常帶著妻女吃館子，一處一處地吃。錢鍾書點菜的水準很高，隨便上什麼館子總能點到好菜。然後，一邊吃，一邊觀察其他桌的客人。錢鍾書近視，但耳朵特別靈敏，他們吃館子是連帶著看「戲」的，一家三口在一起，總有無窮的樂趣。

錢鍾書，作為一個丈夫，是可親、可敬、可信賴、可依賴的，嫁給這樣的男人，是女人的福氣。

鈍感的幸福

猜想很少有女人像她那麼天生遲鈍。

30歲以前,她從來沒有意識到天生麗質對自己意味著什麼,也沒有感覺到周圍不少男士對她有好感;公司裡發生的事情,她從來都是最後知道,更不知道內幕消息;遇到不公正的待遇,她只看到事實,不去追問內情,也沒有覺得多麼委屈。嫁個老公,喜歡她的單純,不喜歡把工作中複雜、煩人的事告訴她,這助長了她懵懂的幸福。

30歲以後,她開始覺醒,她發現周圍其他女人對很多事情都了解內幕,她覺得自己也要成為一個活得明白的女人。於是,她開始朝「明白」的目標努力。慢慢地,她發現很多人並沒有她曾經想像的那樣簡單、公正、純樸、潔淨。原來,人心可以這樣複雜,事情會那樣齷齪。在不知不覺中,她失去了原有的純潔、高雅,變得「八卦」、小市民,而她並沒有意識到自己的變化。

回到家中,她對老公也日益不滿,覺得他什麼都不告訴自己,分明有意隱瞞,莫非有不可告人的事情?於是她對老公流露出來的「蛛絲馬跡」都仔細盤查,據了解到的情況看,老公並沒有什麼過於複雜的「內幕」。她覺得很不滿,她要掌

第七章　控制住自己的愛，獲得幸福

握心理學、相面術，有了這些「技術」後，她就能夠看清別人的心理，不再受騙。

於是，她上網搜尋諸如「教你辨識他是否撒謊」這樣的文章，對照那些撒謊人的行為細節，她發現身邊太多的人在撒謊，包括她尊敬的、信賴的、愛戴的人。她觀察他們在笑的時候，是不是眼角沒有皺紋——這說明他們在假笑；她觀察他們吃驚持續時間的長短——判斷他們表情的真假；她觀察他人是否對自己的質問表示不屑——那表示她的懷疑是對的；她觀察男人跟自己講話時，是否常常摸鼻子——這顯示他在隱瞞和撒謊……

透過表面現象，她用顯微鏡放大了他們的深層心理，她發現他們太骯髒，太可惡，太齷齪，這讓她感覺異常痛苦：原來，她的人生竟然長期被這些醜陋的人和事包圍著。層層的醜惡疊加在她身上，她無法呼吸，而她無力改變任何現狀，只能憑藉牢騷、責難排解不滿。

起先別人會勸解，後來她一開始嘮叨質問，人家不是轉身離去，就是顧左右而言他，一些原本很關心她的朋友也對她自認為足以顯示她智慧的那些咄咄逼人、入木三分、直搗黃龍的分析批判置若罔聞，甚至發展到對她不聞不問。

她很痛苦。求助於她認識的一位智者。智者問她，妳喜歡玫瑰、鑽石還是垃圾？她說，那還用問，誰會喜歡垃圾？

> 鈍感的幸福

智者說，優點是人生的玫瑰、鑽石，而缺點是垃圾，妳把所有人的垃圾都裝進心裡，妳成什麼了？

她幡然悔悟：原來，精明與快樂不容易並存，與其做一個明白女人，不如控制住嚮往精明的心，做一個鈍感的幸福女人。

只是，由懵懂到精明易，由明白返糊塗難。

第七章　控制住自己的愛，獲得幸福

少愛他一點

　　世間女子，少有不是情痴的，除非她是雍容大度的薛寶釵；愛上了，少有不為情所困的，且不說冰雪聰明、多愁善感的林妹妹，即便乖張厲害如王熙鳳，也為賈璉「見一個愛一個」的花心愁煩憔悴，費盡心思，出盡邪招，害人害己，死去活來。

　　瑩，只是一凡俗女孩，既無林妹妹的才華美麗，也無王熙鳳的顯赫身世，偏偏她又心不由己地愛上了一位即便算不上鑽石王老五，至少也是黃金王老五的男士。

　　但那男士只把她看作在自己身邊出現的眾多女子之一，在她眼裡，他是獨一的；可是在他眼裡，她與她們無異。

　　愛情的砝碼在瑩這裡沉了下去，而天平那一頭卻高高翹起，傷感折磨著她，為了讓自己無怨無悔，她無奈地放下矜持，換來他吃驚的目光，瑩幾乎想逃，卻終於勇敢地留了下來。

　　那以後，他對她似乎比對別人好一點，卻遠沒達到瑩心目中企盼的那樣。瑩每每看到別人在愛裡徜徉、陶醉，而他對自己卻若即若離，就忍不住要泛起酸味。放棄，怎麼也捨不得；繼續，不知道路在何方。痛苦，就產生於未知數中。

少愛他一點

　　一次次,她下定決心要離開他時,他也會挽留她,似乎,他也愛著她,但不是很明朗。她痛恨自己沒有決絕的毅力,只好繼續說不清道不明地曖昧著。她的心在一次次傷痛中離希望越來越遠。

　　也許,這世間的男人真的少有值得女人付出一切、奮不顧身的愛。既然這樣,那麼,每天少愛一點點,每天放手一點點,將這餘下的時間與空間留給自己,增加自己的知識,成長自己的才華,愛護自己的容顏,健美自己的身材,繼續自己曾經擁有的興趣和愛好……

　　瑩明白了這個道理,她開始為自己健康快樂地生活,充實地度過每一天,她美麗的外延與智慧的內涵都在一點一滴地增加。然後,她發現,神經放鬆、容光煥發的自己比痴痴呆呆地付出全部身心、高度緊張、敏感吃醋、費盡全身解數想去獲取他的心的時候要可愛得多。

　　男人對容易得到的東西多半不太珍惜,但對已有卻要失去的東西卻倍感不甘。她的心淡了,他卻開始在意她,發現她獨有的好,於是就在瑩準備放棄的時候,她獲得了一直夢寐以求的幸福。

　　如果,林妹妹也能盡早醒悟,每天少愛一點點,那麼,她的淚水或許會少流一些;那麼,她的人生或許能夠逃離宿命的擺布。

| 第七章　控制住自己的愛，獲得幸福

　　世間的凡俗女子，誰能聰明得過林妹妹？只是林妹妹過於年輕，還未能參透這個道理。

　　瑩只比林妹妹聰明一點點，她做回自己，並因此獲得了他的愛。

哀求來的愛情不甜

她在 LINE 個性簽名裡寫道：我愛你，你可不可以也依然愛我？語調，低三下四得令人心痛，那不是美麗驕傲的她應該發出的聲音。當初，是他賣力地追求她。那時，她剛剛失戀，在酒吧裡買醉，他第一眼便鍾情於她，只是不知道她是怎樣性情的女子，是否會接受自己，所以只是靜觀。

她喝得爛醉，有不懷好意的男人藉著酒意來糾纏，她擺脫不了，又急又怒，卻手足無力、東倒西歪……正是尷尬之極的時候，他上前，喝道：「這是我女朋友，你想幹什麼？」

那男人只得離開。而他，扶著這麼一個美人，沒有問她家在哪處，因為她已經滿嘴胡言，而他也並不想就把她送回去，他迅速地結帳，攙著她，目的地很明確地走了出去。

家，是他的。他讓她躺倒在客房裡，她吐了一地，他認真地清掃、擦洗，給她喝水，她睡了過去……他在她身邊的沙發上和衣而臥。

早上，她睜開眼，看到的全是陌生 —— 他，他的家。她急忙低頭檢查自己，衣服整齊，沙發上的他也是衣褲齊全。她的心稍微安下來，開始回憶昨晚自己究竟都做了什麼，開始思考他的動機 —— 天下哪有這麼好的人？

第七章 控制住自己的愛，獲得幸福

　　而他，還真是那麼好！他起來後，迅速洗漱，然後為她準備早餐：水煮蛋、豆漿、蛋糕。她一直都怔怔地，弄不清這究竟是怎麼回事。他拉她坐在桌子旁邊，她機械地接過他剝好的水煮蛋、蛋糕，她不喝豆漿，他說：「對女孩子來說，豆漿比牛奶好。」不知怎麼的，一貫聽不進別人勸解的她竟然接受了他的建議，將那杯豆漿喝下去。豆漿，並沒有想像中的那麼難喝。後面的日子，他對她悉心呵護，只要有空，就會到她公司樓下接她下班，安排好日常生活的各方面。她對他並沒有太多的激情，但他填補了愛的空缺，自己只管享受他的安排和照顧，也是快樂的事。她曾問他：為什麼對她好？他笑笑：第一次見到她就有似曾相識的感覺。她也笑笑。

　　應該算是他求她愛他，那麼他自願付出是應該的，而她得到這一切也是應該的。仗著被愛，她刁蠻任性，而他總要挖空心思，才哄得她紅顏一笑。惡性循環中，他的耐性在削弱，慢慢地與她疏遠，終於有一天，不再主動聯絡她了。

　　她想不通，這麼痴心的男人怎麼會捨棄她而去？她發現自己無法忍受沒有他的日子，她哀求他回來，LINE 的個性簽名也不斷變化：怎樣才能讓你明白我有多在乎你……你到底懂不懂我的在乎……你是不是不在乎我的在乎……我很想你……這些不斷變化的簽名配不上她的美貌與智商。

　　見不得她的痛苦，他回來了，而她又覺得自己不該如此

> 哀求來的愛情不甜

卑微,自尊心的折磨讓她時不時故態萌發。他只能一次次離開,她又一次次哀求他回來,終於到無可挽回⋯⋯

　　愛情,沒有誰欠誰。付出是高貴的,不是卑微的;得到是幸福的,請不要踐踏;控制住自己的情緒,不要憑本能反應去折騰愛情。如果愛情需要哀求,那就失去存在的價值。哪怕滿面淚痕,滿心瘡孔,也要懂得控制住一顆想哀求、想挽回的心,然後,華麗轉身,優雅離去。

第七章　控制住自己的愛，獲得幸福

被動愛與主動愛

每一個女孩的心中都有一個公主情結：有那麼一天，一個騎著白馬的王子主動來求愛……

當男生出現，並表示關心的時候，她像所有女生那樣，很敏銳地捕捉到了資訊。她相信這是真的愛情，因為他沒錢。這讓她覺得自己不看重金錢的品質是多麼高貴！當然，她也有看重的東西，比如他的發展前景；比如他把她當公主一樣追求、寵愛，捧在手裡怕摔了，含在嘴裡怕化了——這令她沉迷。

沉迷於愛情中的時候，心中的那個情結會幻化：不管他是騎白馬、黑馬、赤兔馬，還是來自人馬座——靠自己的兩條腿走來的；也不管他是王子，平民，還是貧民。愛，便愛了，不論身分地位。只要他永遠愛自己，讓自己永遠處於被追求者的地位，那麼，即便他是收入僅夠餬口的男生，也已被看成她心目中的那個最英俊的王子。

可是，她是缺乏安全感的女生，她擔心他會跟別的女人好。於是，她時刻在意他的動向，手機掌握手中，LINE 隨時傳，若是沒有及時回，她心裡就會忐忑，等上幾分鐘還沒回，趕緊打電話，若是沒接，就由忐忑演變為恐慌，不斷打電話、傳 LINE。

被動愛與主動愛

　　起初,他會安慰她:「寶貝,我真的在忙,剛才沒有聽到手機鈴聲⋯⋯好的,我以後把鈴聲調得響一些⋯⋯妳放心,我不是那種人,我只愛妳一個。」肉麻完,她就放心一小陣子,但很快又緊張起來。

　　怎樣才能真正牽住他的心呢?她日思夜想,到處尋求幫助。

　　然後,十指不沾陽春水的她開始學做菜,千方百計做他喜歡吃的菜;為了地板纖塵不染,從不打掃環境的她彎下腰,跪在地上擦地板;她還撿起他換下的衣服即時洗掉。

　　可是,他不及時回覆,不及時接電話的情況依然時有發生,她便生氣,每次都要他想出不同的花招來哄,一直哄到她開心為止。

　　他稍有疏忽,她就變本加厲地生氣,冷戰已成為過去式,她學會了吵鬧、威脅,他有些洩氣,有些不耐煩,有一次,他摔門而出。

　　她在屋裡大哭,然後她上網,寫FB,發IG限動:我需要被動愛,為什麼會變成主動愛?我不要主動。

　　半夜,他回了一句:我想給你主動愛,可是被妳逼成被動愛。

　　愛情裡,想控制別人的心,容易適得其反;適當控制自己的情緒,反而會讓愛更輕鬆,更愉悅,更長久。

第七章 控制住自己的愛,獲得幸福

不要妳做我的影子

她愛上了他,他也愛她。

她眼中的他實在是太完美了,於是她像很多女孩子那樣,痴迷地深深地陷入情感的泥淖中,往日清醒冷靜的理智像遷徙的候鳥一般飛到遙遠的南方去了。

他是一家大型外企的年輕有為的區經理,工作相當繁忙,不僅需要陪客戶,需要培訓員工,需要解決自己和下屬遇到的業務問題,還要陪來本地視察的各級主管,此外,還時不時需要做「空中飛人」,飛到各地開會,常常忙到沒空顧及她的情感需求,而他認為他這樣忙都是為了他們共同的美好未來,她應該能夠理解。

起初,她只是在心裡暗暗猜測他的動向,忍不住的時候就會打電話給他,聽聽他的聲音就滿足了。慢慢地,她覺得如果他愛自己的話,他應該會明白她的心思,明白她的思念、牽掛、惦記,那麼,他應該主動打電話向她匯報行蹤,可是他一直都沒有這麼做。她不滿,告訴他,他卻總是輕描淡寫地說:「除了妳之外沒有人這樣傻,我怎麼會去找別人?」她很願意相信他的話,她知道如果她完全信任他,會

不要妳做我的影子

減輕很多痛苦，但是她覺得自己做不到，酸味總會不自覺地從心底裡翻出來。

見到他的機會那麼少，逐漸地，她發展到只要一時沒有了他的蹤跡，比如打手機，無人接聽，她就會疑心會有誰勾引了如此優秀的他去，恨不得立刻飛到他身邊，看看他究竟在哪裡，和誰在一起，在做什麼。

她覺得自己很痛苦，每天都在無盡地天馬行空地猜測，以致見到他就忍不住抱怨，聽到一丁點關於某個女人的消息，她就會胡亂「栽贓」。他剛開始的時候會一遍遍地解釋，後來聽到的次數多了，他說：「以後此類事情不會再跟妳解釋了，妳不信任我就自己去調查……」

她又覺得是不是自己做得不夠好，所以惹他厭煩了，於是她想做得更好。他喜歡閒暇看 NBA 放鬆，雖然她一點也不懂，也沒興趣，但還是耐著性子陪他；他在外應酬倦了，有一次無意中說起他喜歡吃他母親煮得很清淡的一道菜，她就特地在他出差的時候，搭好幾個小時的車，到他母親那裡學煮那道菜，當她端上一碗飄著蔥花蝦皮黑木耳絲的佳餚時，看著他吃驚的目光，她深感愜意──她的心思全都在他身上，還有誰會比她對他更好？

可是，有一次，他卻對她說：「妳不要再這樣對我啦！」這次輪到她詫異了。他說：「我愛的是妳自己，是原先那個有

第七章 控制住自己的愛,獲得幸福

個性的妳,而不是我自己的影子。」

原來,對方愛的是有個性的自己,而不是對自己緊緊相隨的影子。那麼,愛他,就保持距離,保留自己。

活出自己的精采

活出自己的精采

　　起初,母親是她的榜樣——起早貪黑,贍養老人,撫育孩子,任勞任怨,工作家庭兩不誤。父母偶爾也會大聲說話,但他們一輩子相濡以沫,誰也沒有離開過誰。

　　她想,自己要求不多,不求**轟轟**烈烈的愛情,也只要這樣一種陪著慢慢變老的幸福——像父母那樣。只要她付出母親的辛勞,這種常人的幸福是一定會得到的。

　　婚後,老公對她不錯。漸漸地,他們有了房子、孩子、車子,生活順風順水。老公工作越來越好,收入足夠養活他們一家,她雖然沒有辭去工作回家做全職太太,但是也不太把工作放在眼裡。她放棄了很多機會,為的是老公回家時飯菜齊全,孩子也有人照顧。

　　不知道什麼時候開始,老公常常晚回家,回家了與她也少有交流。她問他答,不問就不答。她以為那是由於工作過於繁忙,那可是為他們一家子忙碌呢,她怎麼好再去煩他?

　　等遲鈍的她感覺到這種變化的時候,他口袋裡另一部手機已經貼身存在半年多了。那一天,他去洗澡,她順手將他換下的衣褲拿去洗。她摸到了那部手機,開啟看到一則訊

第七章 控制住自己的愛，獲得幸福

息：「斌，想你！」那是她丈夫的名字。她還從未這樣稱呼過他——一直以來，她都是像母親稱呼父親那樣，連名帶姓地叫他。

從來想不到的事情竟也發生在她的身上。她該怎麼辦？哭，鬧，找她談判，與他離婚，利用孩子……瞬間閃過無數的念頭，那些一般人慣用的手法能從根本上解決問題嗎？能讓他的心主動回到她身上嗎？她沒有把握，她無力地靠在牆上不能動彈。後來，她悄悄地把老公的褲子又掛回浴室門口，她不想驚動他，她要好好想想哪裡出了問題。

為什麼同樣地付出辛勞，父母的婚姻能長久，而她不能？她痛苦地思考，然後得出結論：父母的年代沒有太多的誘惑，他們可以攜手終老。而她所處的年代，年輕漂亮的女人與口袋裡有錢的男人互相吸引，到處充斥「小三」、「情婦」、「婚外情」、「一夜情」，似乎一抓就有一大把。

原來，這個時代，勤勞賢惠不是獲得幸福、相伴一生的唯一條件。新鮮感，是這個充滿誘惑的年代裡，女人吸引男人的另一個重要方面。

而目前，她太庸常了。她知道，自己需要擺脫那些繁雜瑣碎，令她變成煙火女人的家常事的羈絆，活出自己的風采與魅力。

對他，她既不跟蹤追擊，也不搜查探尋，寬容到令人難

以置信。她也不再守著晚餐盼他下班。她認真地為自己生活著：工作、音樂、旅遊、健身、閱讀、繪畫⋯⋯

一年半以後，他厭倦了「小三」的貪婪與約束，激情漸漸平息，他要回頭。他的注意力開始轉回到她身上，他發現她的身段變得婀娜，她的容顏更加美麗，她原先犧牲自我而受到壓抑的才華得到了相當程度的發揮，她的成就令他驚異。最令他受不了的是他發現她竟擁有了自己的生活空間，對她來說，他變得可有可無⋯⋯

一次散步，他怕她跑掉似的一定要挽著她的手，她心裡暗笑：他是真心誠意要對她好。她成功了！

第七章　控制住自己的愛，獲得幸福

愛，需要有控制的付出

小雯是個心軟的痴情女子，和男朋友談戀愛不久就在他的央求下和他同居了。

那時候，男朋友的鮮花巧克力常常送到辦公室來，惹來不少豔羨的目光，她得到愛情的滋養，享受著男朋友的呵護，心情很好，走路都像隻小蝴蝶飛來飛去。公司聚餐或者外出活動她都不參加，都要留在家裡陪伴男朋友，為他洗衣做飯，盡情享受二人世界的甜蜜。

辦公室裡剛離婚的王大姐常常在背後說：「現在好不是真的好，關鍵要看以後對她怎麼樣。」大家聽了，覺得她這是在嫉妒小雯，自己得不到便說葡萄都是酸的，因此都只是一笑而過。

後來小雯辭職了，有同事在街上遇到她，她說為了能和男朋友買到自己的房子，她聽男朋友的話跳槽到外企工作，收入頗豐。不久，聽說她男朋友買房子，首付的兩百萬是她出的，很多人羨慕她的能幹。

王大姐常常意味深長地說：「小雯真痴心，她為男朋友付出了所有，不知道他能不能消化得了？」大家都覺得她的語氣酸得可以。

> 愛，需要有控制的付出

　　春去秋來，幾年過去了，好幾個和小雯同時進公司的同事都結婚了，卻一直沒有傳來小雯要結婚的消息，按理說她的房子早已買了，裝修了，入住了，早該結婚了。

　　過了春節，開工了，一天，小趙在辦公室讀報紙，讀到一則情感傾訴：一個女孩說她為男朋友付出一切，甚至拿出所有積蓄付了買房子的首付。而男朋友照各種理由推託，遲遲不肯與她結婚，除夕那天，他居然毫無預兆地對她說：請妳離開我的家，我準備辭舊迎新；我是男孩子，房子對我很重要，如果妳離開，我願意給妳二十萬元作為補償。而她覺得自己還愛著他，她不願離開，希望他能回心轉意。現在她不知道自己是不是該安靜地走開，還是留下來和他大鬧……

　　小趙說：「你們看，這個女孩子好像小雯啊。」「其實，她就是小雯。」一直和小雯保持聯絡的阿虹在一旁說。

　　王大姐說：「我早就講過，小雯太痴情了，她付出了所有，現在還有什麼能夠付出？那個男孩子還需要她付出什麼來吸引他？」

　　是呀，戀愛中的女子付出感情、付出金錢都無可厚非，可是別一有什麼都想給他，最後落得自己一無所有。

　　愛，需要付出，也需要有控制地付出，無論精神和物質上，都應該為自己留下一張底牌。

第七章　控制住自己的愛，獲得幸福

第八章
管住自己浮躁的心

第八章　管住自己浮躁的心

對內接受自我，對外控制行動

我們內心的想法具有不可操縱性，每個人無法控制自己何時何地會出現何種想法，當出現與自己本意相違背的想法時，不要著急著第一時間去否定它，驅趕它，因為越是這樣，越會強烈刺激大腦釋放多巴胺，反覆強化，造成與自己意志相反的結果。

試著坦然接受不好的想法，比如：這種討厭的想法又來了，真是讓人心煩。不過，這是不受自我控制的思維運作方式，實際生活中並不會影響什麼。記住千萬不要對自己說：太糟糕了，倒楣的事情會發生在我身上，我沒辦法改變什麼。

我們每天都面臨自制力挑戰，有些是具有普遍性的。比如：由於我們的生理本能，我們喜歡甜食、油炸燒烤食品、重口味食品，我們知道那是不健康的飲食，我們需要克制自己對它們的欲望；否則，我們不僅會吃「窮」，還會變胖、長痘，以及出現各種損害身體健康的問題。比如：我們得到一個任務，我們會覺得麻煩，懶得去完成，拖拖拉拉，其實我們心裡明白，這個任務必須自己來完成，拖到最後也得熬夜去做，做得倉促和熬夜的後果我們也都明白。比如：我們睡

> 對內接受自我，對外控制行動

懶覺，不願意起床，雖然心裡一直在提醒自己，下一分鐘就起來；可是，下一分鐘，再下一分鐘，源源不斷的「下一分鐘」，還是沒有起床，難道我們心裡不知道早起可以多做很多事情，可以讓我們擁有更多成功的體驗嗎？比如：我們開啟電腦就上購物網站，一遍遍地瀏覽，明知每天吃穿都有限，還是忍不住一遍遍地看；或者滑 FB、IG，明知這是在浪費時間，如果把這時間利用起來，我們可以做更多有意義的事，但還是控制不住自己……

這些自制力挑戰可能是我們要逃避的事（稱為「我要做」的自制力挑戰），也可能是我們想改掉的習慣（「我不要」的自制力挑戰），也可以是我們願意花更多精力去關注的重要生活目標（「我想要」的自制力挑戰）——無論這個目標是改善健康、管理壓力、磨練技能還是拓展事業，集中注意力、拒絕誘惑、控制衝動、克服拖延都是非常普遍的人性挑戰。

提高自制力的最有效途徑在於弄清自己如何失控，為何失控。意識到自己有多容易失控，並非意味著你是個失敗者。相反，這將幫助你避開自制力失效的陷阱。過分自信自己意志堅定的人，更容易失控，因為他們覺得自己能控制一切，即便身陷各種誘惑中，也能夠輕而易舉脫身。於是，並不抵制誘惑的出現，也就是將自己置於更多的誘惑中，結果是在陷入困境時更容易放棄。

要明白，某些行為雖不完美，卻是人之常態。每個人都

第八章　管住自己浮躁的心

在以某種方式抵制誘惑、癖好、干擾和拖延。這不是個體的弱點或個人的不足，而是普遍的存在，是人所共有的狀態。

了解這一切後，更重要的是，我們要尋找改變的方法，避免將來犯同樣的錯誤。

心理學上，有一個「21天定律」。任何一種不良的行為都是一種習慣，一種壞習慣。一個人一天的行為中大約只有5%是屬於非習慣性的，而剩下的95%的行為都是習慣性的。足見習慣的力量。一切的想法，一切的做法，最終都必須歸結為一種習慣，這樣才會對人的成功產生持續的力量。

如果你想改變自己不良的行為習慣，成為一個有自制力的人，那麼，嘗試一下「21天定律」。

將正確的想法行為重複21天，就會變成習慣性想法行為。習慣的形成大致分三個階段：

- 第一階段：1～7天左右。此階段的特徵是：刻意，不自然。你需要十分刻意提醒自己改變，而你可能也會覺得有些不自然，不舒服。
- 第二階段：7～21天左右。不要放棄第一階段的努力，繼續重複，跨入第二階段。此階段的特徵是：刻意，自然。你已經覺得比較自然，比較舒服了，但是一不留意，你還會恢復到從前。因此，你還需要刻意地提醒自己改變。

- 第三階段：21～90天左右。此階段的特徵是：不經意，自然。其實這就是習慣。這一階段被稱為「習慣的穩定期」。一旦跨入此階段，你已經完成了自我改造。這項習慣就已成為你生命中的一個有機組成部分，它會自然而然地不停地為你「效勞」。

我們要善於發現自己不足，然後有計畫地為自己塑造好習慣的行動。成功是因為養成好習慣，一旦養成了成功者身上特有的好習慣，你會發現自己擁有了足夠的自制力，那時候，你想不成功都很難。

第八章　管住自己浮躁的心

控制住浮躁的心

外出晨練，經過一處林深樹茂的地方總會聽見一個低沉的男中音短而快地說一個詞，然後，一隻鳥兒跟著快速地叫一聲「嗒嗒」或是「喳喳」。因為距離遠，我從來沒有聽清楚那隻鳥說的是什麼話。心裡想：一定是一個鳥迷養了一隻鸚鵡或者八哥之類的鳥，每天早上出來遛鳥，同時教牠說話。

一天早上，又聽見那「嗒嗒、喳喳」的聲音不絕如縷，忽然多事地想去看看那究竟是一隻什麼鳥，就順著聲音傳來的方向走去。前面有一小片空地，擺著藍色的塑膠桌椅，一個中年男子和一個十二三歲的漂亮小女孩並排坐在一起，我盡目力看也沒有發現什麼鳥。他們看到我這個陌生人闖入，呆了一下，接著中年男子又低下頭，指著面前一本「看圖識字」類的書讀著：「仙人掌。」那女孩跟著讀一句，發出的聲音卻正是我每日聽到的那種「鳥語」，中年男子一遍遍地講，女孩一遍遍地跟，總還是那種「喳喳」的聲調，我認真聽，開始聽出一點兒「仙人掌」的味道來。十幾遍之後，中年男子又讀出「仙人掌」的英語單字，女孩仍跟著讀。我明白了，原來他在教一個啞女學講話。

忽然，男子抬起手來，女孩大約以為自己學得不夠好惹

> 控制住浮躁的心

來他的怒火,驚恐地一閃,男子卻是抬手輕輕拂去落在女孩頭髮上的一隻小蟲子,然後繼續低下頭指著那「仙人掌」讀英語給女孩聽。那一刻,我被這充滿溫情的場面感動得呆住了。

回想自己,每次兒子求我講個故事,求了很久,我就應付地讀一篇最短的兒歌給他聽,一讀完,我就不耐煩地把書一丟,說:「找你爸爸去。」或者「跟外公玩吧!」然後自己上網玩去了,他在一旁拚命央求:「媽媽,媽媽再跟我講一個故事吧!」我就是不理睬。有時候,兒子會稚聲稚氣地問:「媽媽,妳為什麼沒有耐心呀?」我總是生硬地說:「媽媽就是沒有耐心!」

面前的這位男子,我猜他一定是女孩的父親,不知道他教女兒已經花了多少的時間,將來還要花多少時間,而他似乎一直都是那樣很有耐心地,一遍又一遍,一個字又一個字地教著。面對他,我感到深深的慚愧。

生活中,我們常常想當「特效藥」,只想做馬上見到成果的事,而教育,是細水長流,一天兩天,一週兩週,一月兩月,一年兩年……都未必能見到成效,控制住自己浮躁的心,多一點耐心,多一點等待給孩子。或者,孩子會有出人意料的回報。

記得有一年初夏,經過公園,那裡成片的鳳凰花開得正

第八章　管住自己浮躁的心

豔。盛夏，蔥翠的樹葉代替了嬌豔的花朵，也長得異常繁茂。夏末，再次經過那裡，卻發現，滿眼蓊鬱中居然又有極少量紅色的花朵夾雜其間。雖然花期已過，但尚未綻放過的鳳凰花不甘心就此被綠葉埋沒，她依然會在人們意想不到的時間展現自己的風采，而且，萬綠叢中一點紅，更加鮮豔奪目。

一個熟人一直抱怨她的孩子長到2歲了，還未開始說話，與周圍鄰居、同事的孩子相比，明顯語言智慧發展遲緩，這讓她擔心自己的孩子是否智力低下。那孩子在2歲1個月的時候，終於開口說話了，一說話，就以超越正常兒童語言發展的速度進步，每有熟人來訪，都吃驚於他學習語言的能力。

一位朋友相當聰明，每天都會想出很多的點子來幫助別人、服務自己的工作，獲得主管、同事、下屬的好評，但是他的孩子做事情拖拖拉拉，常被老師責備，成為很多家長的反面教材，甚至有人說：雖然我孩子功課不夠好，讓我生氣，但是看看他的兒子，我就很感安慰了。幸虧這位朋友智商高情商也高，不以為意，有一次聽他閒聊：我兒子雖然作業做得慢，但是他都會做，只是速度問題，這一點像我，我小時候也是這樣，反應遲緩，做事拖拉，被人稱為「笨蛋」，16歲那年，因為一堂數學課被老師點名起來回答問題，忽然開竅，所以，我會耐心等著兒子開竅的那一天。

> 控制住浮躁的心

一個女孩,小時候反應遲鈍,作業也做得相當慢,考試經常不及格,父母老師的表揚都與她不沾邊。她自卑膽小內向,與人相處時,腦子總是一片空白,多數時候一整天都說不出一句話。30歲的時候,她忽然心血來潮,寫了一篇文章寄給報社,沒想到,隔兩天竟發表出來,從此愛上寫作,一發不可收拾,幾年間發表數百篇長長短短近百萬字的文章。慢慢地,她說話不再需要打草稿,而且越來越流暢。後來,竟有人佩服她的口才了。

每一種花,遺傳基因的不同,決定了它是國色天香的牡丹,還是清香宜人的茉莉;是常開不敗的三角梅,還是轉瞬即逝的曇花;每一朵花,承受的陽光雨露不同,決定了它的花期或長,或短;或盛開於春夏,或怒放於秋冬。

2歲1個月開始說話不算晚,16歲開始懂事不算晚,甚至30歲開竅也不算晚。

是花,總有盛開的時候,即使花季已過,也會在合適的時機綻放這一生最明豔的美麗;是正常人,總有開竅的一天。因此,控制住浮躁的心,不要急於拔苗助長,只需提供足夠的養分,然後靜靜等待,就像守候一朵花的悄然開放……

第八章　管住自己浮躁的心

年華老去，做與年齡相稱的事

大程是某大型企業的管理人員，收入頗豐，常年在外應酬，特別喜歡那燈紅酒綠的花花世界。大程與髮妻婚後育有一子。他對妻子、對家庭，缺乏應有的責任感。將兒子扔給年邁的父母照顧，兒子的成長過程他從來都不聞不問，遇到關鍵問題，比如兒子讀書、報考，他總是一句話：「你二叔是教職的，去問他。」

老一輩看孫子可憐，難免溺愛。於是在祖父母的過度關懷下，孫子變得嬌生慣養，貪玩且不愛讀書。先是蹺課去網咖，見大家拿他都沒奈何，就在泥淖中越陷越深，後來發展到極致──但凡有人勸他珍惜時間好好讀書，他便以死相威脅，搞得大家都沒有辦法。

大程的身邊總是流連著一些年輕的女人，妻子痛心、失望，看到憑一己之力已無法力挽狂瀾，最終絕望，便離婚遂了他的心願。

大程 55 歲那一年，找了一個小他近 30 歲的女人，兩人組成一個新的家庭，大程的生命煥發了青春，在新任妻子的管教下似乎收斂了許多，不久又生了一個兒子，此後，大程就完全放棄了大兒子。

> 年華老去，做與年齡相稱的事

　　大兒子國中沒有畢業就輟學，在社會上流浪兩年，忽然回心轉意說要讀書。他的二叔見他有此願望深感欣慰，急忙動用自己的關係，幫他聯絡了一所高職，半年時間，花了五萬多元的學費後，這個姪兒忽然又說不想讀書了，全家人都罵了他，他便偷偷拿了祖父的錢，然後如一滴水遁身社會的汪洋大海中，找不到了。

　　幾個月後，他再次出現在大家面前，他說想回去上學將來考大學。

　　二叔看他很有決心，又花費心思，替他聯絡到合適的學校。這一次，他似乎下定決心要好好讀書，但是讀了幾門科目之後，他回家說：「不想讀了，太難了。」祖父要他繼續學下去。他故技重施：「再逼，我就去死！」

　　在家停留了半年，他說想去學動漫，學費大約要十萬。他去找大程，不料他父親一句話：「去找你二叔！」便將他打發了。二叔看著這個不爭氣的姪兒，說：「我可以給你十萬塊錢學動漫，但前提條件是你必須先把高職讀完。」他姪兒聽完，轉身就走⋯⋯

　　說起他的哥哥，二程無限感慨：「我哥的大兒子幾乎是『廢』了，小兒子還那麼小，他自己雖然這輩子過得風光，但現在快要退休了，後面煩惱的事情多了。我和我妻子雖然都只是普通教師，但是我們一直都很努力工作，現在孩子名牌

第八章 管住自己浮躁的心

大學畢業,有一份好工作,也有了女朋友。我現在沒有什麼負擔,閒暇就種種花,養養鳥,玩玩樂器,過自己想要的生活,我感覺很愜意……」

臨別之際,他的最後一句話給我留下了極深的印象:「人啊,行事為人當與年齡相稱,要控制住嚮往奢靡的心,不要為眼前的浮華,透支了後半輩子的幸福。」

戒除「本能」反應，以孩子的方式處事

戒除「本能」反應，以孩子的方式處事

與老公約好，我買菜做飯他洗碗，但他卻總是丟三落四，不是少洗一個碗一個盤子一把勺子，就是忘記擦桌子。起先，我還動手幫著他完成掃尾工作，後來見他一貫如此，就忍不住要指責他：偷懶、從小養成的壞習慣、不要老是指望我、哪天我不在家怎麼辦……

一天晚上，吃過晚飯，他依然不擦油膩膩的桌子就坐到了電腦前，我開始嘮叨。起先他充耳不聞，後來反應過來，說：「忘記了，等一下再去擦桌子。」我感覺自己無數遍的說教都沒用，忍不住火冒三丈，而他也聽厭煩了，於是惡語相向。

這時，卻見小小的兒子跑進廚房，拿塊抹布，爬上他自己的餐椅，在桌子上抹起來……

看著兒子忙碌的小小身影，我的心就像一個快要爆炸的火藥桶一下子被一盆涼水澆熄了，我們停止了爭吵。原來，鑽進了牛角尖，靠爭吵無法解決的難題是可以這樣輕鬆地化解的。

第八章　管住自己浮躁的心

另一個週末，在家閒坐著看書，隔壁曾發生過毒氣洩漏事件的一家工廠的煙囪忽然「**轟轟轟**」地響了幾聲，而後煙囪冒黑煙並排出難聞的氣味。老公開始發牢騷：「這麼臭，肯定會中毒的，看樣子他們是不會搬遷，長期住在這裡還真不行，什麼時候再發生毒氣洩漏我們都不知道……」

此刻，已經能聞到臭味了。我說：「趕快想辦法買房子吧，但是兒子讀書，我們工作都在這附近，能搬到哪裡去？再說，現在市區內基本上已經沒有我們可以買得起的房子了，房價什麼時候才會降下來呀！」

老公說：「股市跌了，深度套牢，哪還有錢買房子？」「越來越臭啦，真受不了，快搬家吧！」我捏著鼻子大叫。「就算要搬家也不會這麼快！」老公回答。感覺又進入了死胡同，一籌莫展，無計可施。

這時候，兒子從玩具角站起來，迅速推上陽臺的兩扇玻璃門，然後又跑回原處坐下，繼續玩他的玩具。

臭氣被關在外面了！不臭了。我們面面相覷，討論了那麼多空中樓閣般的方案，怎麼就沒有想到只要把門推上，就能暫時解決當前的大難題？

小時候，我們曾覺得這世界黑白分明，解決問題的方法也都簡單明了，從什麼時候開始，這世界變得複雜了，難題也越來越難解了？

> 戒除「本能」反應，以孩子的方式處事

其實，變化太快太複雜的不是世界，而是我們的心。只要擁有孩子那樣玲瓏剔透的純真的心，很多事情處理起來也一定會簡單得多！

第八章　管住自己浮躁的心

管住自己迫切想發言的嘴

那還是屬於尋找戀愛感覺的時代，沒有赤裸裸的生理飢渴和直奔主題的物質需求。

那時候，她很靦腆，他也內向。兩人在一起常沉默，半晌發呆，心裡拚命想話題，忽然她開口了，而他，正好也想到一個話題，於是兩人幾乎同時講話。然後，相視一笑，她說：「你先講。」他說：「妳先講。」他們都很貪婪地想知道對方的一切，想聽對方說，最好能夠從出生的第一天一直講到他們相識的那一天──這便是愛吧？

後來，攜手走進共同的家庭。他忙，忙工作；她也忙，忙完工作還要忙照顧孩子，做家事，日復一日，沒完沒了。晚上，他下班了，她做完晚飯，大家往飯桌邊一坐，一家人開始吃飯。這是他倆一天中難得的交集，她跟他說工作上的事、買菜做飯的事、孩子教育的事……

他聽了一會兒，不耐煩地說：「這些都是小事，都不算什麼啦！我煩惱的事情才多呢！」他開始講他工作上遇到的難題，講套在股市裡的那一大筆家庭財產，然後，責備孩子不乖……

> 管住自己迫切想發言的嘴

她對他說的話也沒有興趣。她說:「你先聽我講嘛!」他反對:「我先講。」針鋒相對,誰也不讓誰。她嘆口氣,說:「想不到,你會變得這麼多話。」他說:「妳也是。」不歡而散。

從「你先講」到「我先講」,是從戀愛到婚姻,從新鮮到習慣,從全心愛對方回歸全心愛自己的一個過程。

因為心中有愛,所以用笑容支持「你先講」。當熟悉到懶得看對方一眼,懶得聽對方一言的時候,那「愛」已經變質。要回到當初戀愛之「愛」,是不可能的,圍城裡的男女,只有願意傾聽,才能以寬容和尊重構築婚姻之「愛」的那堵牢不可破的圍牆。

第八章　管住自己浮躁的心

退一步再前進

　　一個年輕人坐在公園的椅子上，眼裡一片呆滯，他剛剛失去他所擁有的一切財富。

　　回憶七年前，剛走進大學校園的他就一直在努力，他不再要父母親從田裡耕作得來的那一點點錢，他從做家教、賣報紙、到各個寢室推銷各種「卡」開始，到後來在校園的圍牆外面開了一家多功能休閒網咖——他在大學校園裡就掘到了人生的第一桶金，不僅解決了自己的學費和生活問題，還能幫助家裡的弟妹繼續求學，為此他放棄了任何一次戀愛的機會，因為他根本就沒有時間。

　　三年前，從大學畢業，他和同學合作成立了自己的貿易公司。他相信自己的能力，他完全依靠自己打拚，他成功了，完全地白手起家，年少而多金。他的野心越發地大，他把自己的觸角伸到了許多領域，與他合作的同學多次規勸，他屢屢不聽，覺得同學缺乏魄力，甚至成了自己的絆腳石，最後兩人撕破臉，各奔東西。

　　他成了「頭目」，公司裡所有的人都要聽他的，沒有人敢提出反對意見。終於，在一次極為冒險的投資中，他失敗

> 退一步再前進

了,公司平時隱而未現的危機全面爆發,他一敗塗地,無法挽回。他忽然覺得自己的能力全然消失,甚至沒有勇氣面對這座熟悉的城市,他害怕任何一張熟悉的面孔,他選擇走,他只能遠遠地離開。

這麼多年的努力和辛苦全都白費,他無力地把頭深深地埋在支撐於膝蓋上的雙掌中,周圍歡快的聲音聽起來全都那麼刺耳。

「寶寶,過來,騎快一點,慢一步你就騎不動了。」一個悅耳的女聲就在離他不遠的地方響起,這話多像是母親曾經對他說過的呀!

忽然,耳際似乎有一個聲音在提醒他:生意場上,慢一步就不能前進。他抬起頭向那邊看去,一個年輕的母親蹲在離她騎童車的兒子幾公尺遠的地方指導她的孩子,小小的孩子騎著一輛嶄新的童車,看樣子是第一次學騎車,雙腳使不上力,很費勁地蹬上半步,前進半個車輪,又停頓下來。

「媽媽,妳來推我一下吧。」小孩子著急地叫著。

「寶寶,」年輕的母親並沒有站起來幫他推,她繼續說,「暫時不能前進也沒有關係,你可以試著退後一步,蓄足力量再用力蹬,就能再前進了。」孩子的腳踩著踏板退了一步,然後靠著那股後退的力使勁一踩,車子又能前進了,他開心地笑了。

第八章 管住自己浮躁的心

退一步再前進？年輕人的心猛地一跳。退一步，他還有什麼？對了，他還年輕，有大把的時間，有健康的身體，有支持他的弟妹，還有告訴他回家總有一碗飯吃的父母，他覺得自己還應該撿起過去曾有過的一顆謙虛的雄心。有了這些，何愁沒有機會東山再起，重新成功？

退一步再前進

國家圖書館出版品預行編目資料

自我管理學，在高壓和變動中練就精準執行力：確立目標 × 付諸行動 × 終身學習 × 拒絕誘惑，區別「想要」與「需要」，別貪圖一時的多巴胺刺激！/ 李建珍 著 . -- 第一版 . -- 臺北市：樂律文化事業有限公司, 2024.11
面；　公分
POD 版
ISBN 978-626-7552-70-4(平裝)
1.CST: 自我實現 2.CST: 成功法
177.2　　　　　　　　　113016989

電子書購買

爽讀 APP

臉書

自我管理學，在高壓和變動中練就精準執行力：確立目標 × 付諸行動 × 終身學習 × 拒絕誘惑，區別「想要」與「需要」，別貪圖一時的多巴胺刺激！

作　　　者：李建珍
責任編輯：高惠娟
發 行 人：黃振庭
出 版 者：樂律文化事業有限公司
發 行 者：崧博出版事業有限公司
E - m a i l：sonbookservice@gmail.com
粉 絲 頁：https://www.facebook.com/sonbookss/
網　　　址：https://sonbook.net/
地　　　址：台北市中正區重慶南路一段 61 號 8 樓
8F., No.61, Sec. 1, Chongqing S. Rd., Zhongzheng Dist., Taipei City 100, Taiwan
電　　　話：(02) 2370-3310　　傳　　　真：(02) 2388-1990
律師顧問：廣華律師事務所 張珮琦律師
定　　　價：299 元
發行日期：2024 年 11 月第一版
◎本書以 POD 印製
Design Assets from Freepik.com